読むゾゾゾ

WANI BOOKS

はじめに

この本を手に取った人は、多かれ少なかれホラーやオカルトに興味がある方だろう。

『ゾゾゾ』は全国の廃墟や心霊スポットなどを訪れてレポートするYouTubeの番組だ。みなさんは、そんな番組に毎回出演している俺のことを、「心霊現象が好きな人」と思っているかもしれない。

しかし、実はホラーやオカルトには全く興味がなく、番組をはじめるまでは、一度も廃墟にも心霊スポットにも行ったことがなかった。そして霊も全く信じていなかった。

ただ信じていないなら怖くない……というわけではない。信じてはいないが、怖いモノは怖いのだ。小さい頃からけっこうな怖がりで、できることならお化け屋敷とかも入りたくない。だから自主的に心霊スポットに行くなんてことは、絶対にありえなかったのだ。

そんな俺が、なぜ心霊スポット探訪番組に出演することになったのか?

『ゾゾゾ』は皆口の「心霊スポットを網羅しているサイトを作りたい。心霊スポットを『食べログ』のように表示できるサイトにしたい」というアイデアをきっかけにはじめることになった。

「どうせ心霊スポットを取材するなら、動画を撮りませんか？」

そう誘われた俺は深く考えず「まあ、いいよ」と返事してしまったのだ。

俺は霊を信じていないし、そういうモノが見えたこともない。そんな人間が心霊スポットに行って面白いのだろうか。そんな疑問に、皆口が言った。

「そのままのスタンスでいいです。落合さんが怖くないなら怖くないでいいですし、見えないなら見えないでいいんです」

心霊スポットに行って、怖がらないのってありなの？　とは思ったが、とりあえず付き合ってみることにした。

『ゾゾゾ』は当初１００人ほどにしか見られていない番組だった。だから気軽な気持ちで心霊スポットに行きはじめたが……それでもやっぱり怖かった。

心霊スポットに行くようになってつくづく思い知ったのが「暗いところって怖い」ということだ。

よくよく考えたら、日常でそんなに真っ暗なところに行くことってあまりない。東京の都心部に住んでいたら夜でも明るい。コンビニのギラギラした光のもとで幽霊はなかなか見えないのではないだろうか。心霊スポットはとても暗いので、普段見えないモノが見えてくる気がする。

霊は全く信じていなかったが、それでもおかしなことは起きる。『ゾゾゾ』のレポートで1年に50カ所近くの心霊スポットを回ったが、その中で常識では説明のつかない現象がいくつも起きた。

今では俺自身、「ひょっとしたら霊はいるのかも？」と少しではあるが、思うようになってきている。ただ仮にいるとしても、危害を加えるようなものではないと感じているのだが。


『ゾゾゾ』は今ではおかげさまで多くの人に見てもらえるようになった。

そして、今回『読むゾゾゾ』として、ファーストシーズン全24回の中から特に怖かった回や印象的だった回を厳選し、書籍化することになった。DVD化などは夢想したことがあったが、まさか本になるとは夢にも思っていなかったので、俺も驚いている。

活字として読むことで、新たな怖さや楽しさを感じてもらえたら、とてもうれしい。


この本は、俺、落合の視点から見た、もうひとつの『ゾゾゾ』だ。

まずは先入観を持たず、ページを開いて、俺たちの旅へ同行してほしいと思う。

とは

心霊スポットや恐怖ゾーンといった日本全国のゾゾゾスポットをレポートして、ホラーポータルサイトを作るという壮大な目標を掲げて活動するホラーエンタテイメント番組。

２０１８年６月より、ＹｏｕＴｕｂｅにファーストシーズン（全24回）の動画の配信を開始する。

落合、内田、皆口、スペシャルゲストの長尾の四人を中心に、活動している。

MEMBER

落合

メインパーソナリティ。ホラーやオカルトには興味がなく、心霊現象は信じていない。皆口の会社の上司という縁で撮影に参加することになる。

皆口

ディレクター・カメラ・編集。『ゾゾゾ』の発起人。危険な場所にもためらいなく突撃する。撮れ高のためなら怖がるメンバーに無理をさせるドSな一面も。

内田
（まーくん）

スタッフ。皆口とともに撮影を行うことが多い。心霊現象を敏感に感じるタイプのためお祓いへ行くはめになることも。眼鏡がトレードマーク。

長尾
（しょうちゃん）

スペシャルゲスト。けれど、ほぼ毎回登場する。青い髪かつ個性的な服装で見た目はいかついが、いつも冷静に起こった現象を分析している。

もくじ

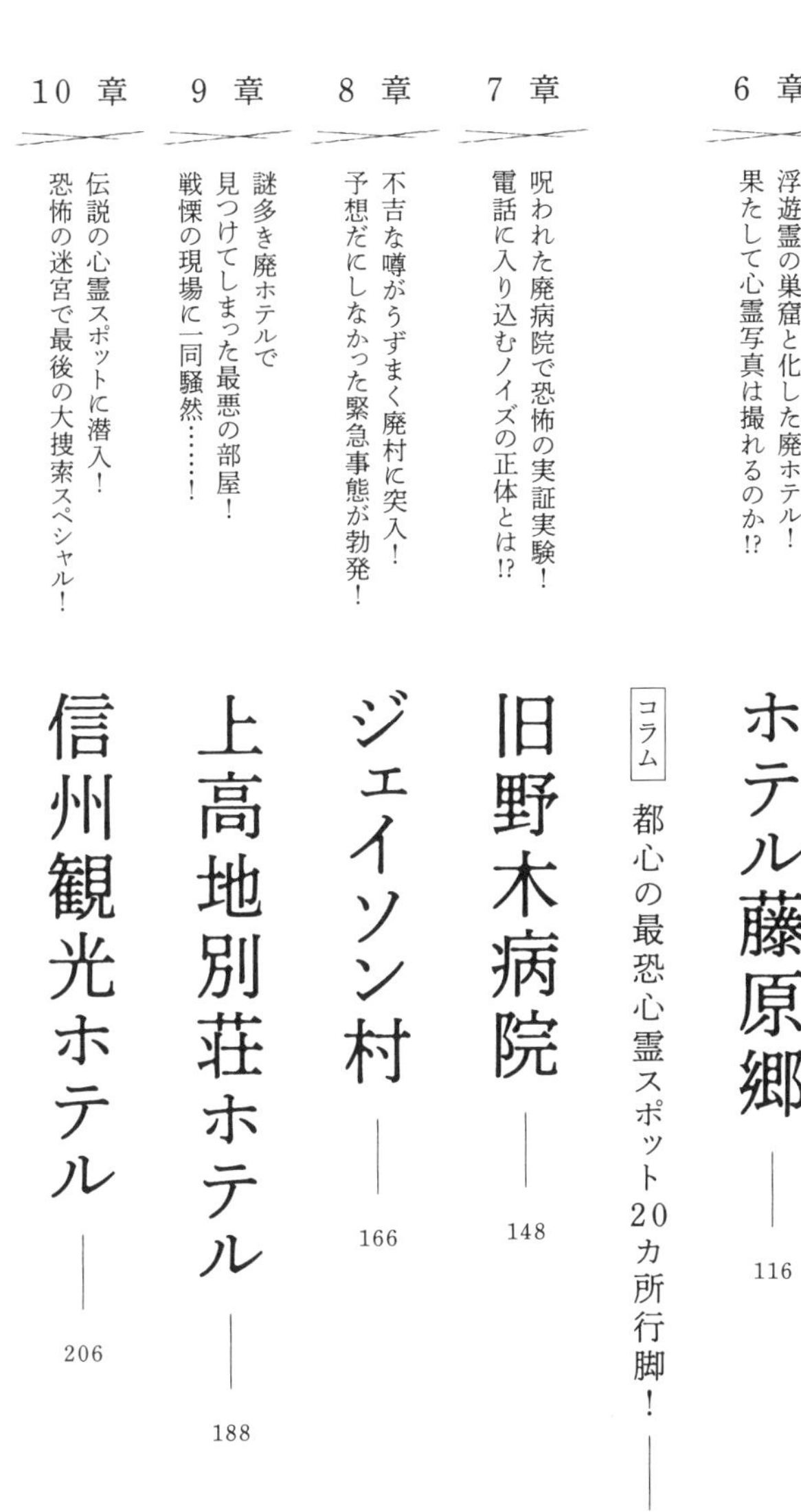

ゾゾゾ
MAP
福島県
栃木県
武尊神社
茨城県
上高地別荘ホテル
旧野木病院
明野劇場
ダイアナ研究所
埼玉県
東京都
ホテル活魚
千葉県
神奈川県

新潟県
ホテル藤原郷
信州観光ホテル
群馬県
長野県
岳集落
山梨県
ジェイソン村
静岡県

1 章

「SIREN」羽生蛇村のモデルと言われる廃村に潜入！
番組史上最大の危機が出演者を襲う！

岳集落

［たけしゅうらく］

岳集落は、PlayStation2用ホラーゲーム『SIREN(サイレン)』に出てくる「羽生蛇村(はにゅうだむら)」のモデルになった集落の一つとして有名である。

朽ちた廃屋や残留物は多く残っており、入口には地蔵も存在する非常に不気味なスポットである。

知名度	A(全国的に知名度の高い超有名スポット)
恐怖度	B(雰囲気がある。それなりに怖い)
ゾゾゾポイント	4

「今回の目的地は、埼玉県の秩父市です」

ディレクター皆口に告げられて、俺は露骨に嫌そうな顔をした。

ゾゾゾでは、出発の直前までどこに行くかは知らされない。かなりの僻地まで行くことを当日になって知らされたのでつい愚痴った。

「いや、さすがにやりすぎだろ……」

ただし、そんな俺の様子は全く意に介さず、皆口はニコニコと笑っている。


ゾゾゾの第1回の取材は石神井公園だった。皆口に呼び出された俺は会社から直行でスーツのまま向かった。しかも酒も少々飲んでいた。そうして言われるままに、暗い夜の公園を探索した。

そんなゆるい企画でも、「石神井公園なんて、俺ん家と逆方向だよ」と不満に思ったぐらいである。

なのに、回を重ねるごとにどんどん本格的な恐怖スポット探索になっていく。

「でも、大勢のゾゾゾファンに見られてるんだから、やる気も出るでしょ？」と思うかもしれない。

たしかにゾゾゾはいつの間にか多くの人に見てもらえる番組に成長した。しかし、岳集落をレポートした頃はそうでもなかった。動画をアップした後、１日で１５０回再生されれば「よかったね!!」というくらいの番組だったのだ。

ただ、そうはいってても探索のメンバーであるディレクター皆口、眼鏡の内田、青い髪の長尾はすでに集合している。

今更、「やだ、行きたくない」と俺がごねられる空気ではない。

テレビ番組だと、心霊スポットを訪れるタレントはロケ車で運ばれていくが、このチームではほとんどの場合は俺が運転をする。

そして、どこを探索するのか、皆口は到着するまで決して言わない。これから行くのがどんなところかわからないのは怖い。内田も長尾も不安そうな面持ちで車に乗る。

カーナビに、皆口から教えられた住所を打ち込んでみる。目的地は東京から約2時間の道のりだった。

秩父に入るとどんどん険しい道になってきた。俺は、慣れない山道の運転に戸惑いながらも、やっと目的地に到着した。おあつらえ向きの自動車を停められるスペースがあったのでそこに駐車する。

もうすっかり日は落ちて、外は暗い。

皆口が発表した。

「今回は、ホラーゲーム『ＳＩＲＥＮ』に登場する羽生蛇村のモデルになったと言われている廃村の一つ、『岳集落』に突入したいと思います！」

岳集落は、埼玉県の秩父市にある廃村だ。秩父市には数多くの廃村がある。鉱山が多かったというのが理由の一つだ。鉱山で働く人たちが生活する村ができたが、鉱山が閉鎖になってしまったり、交通の便がよくなり山奥に住む必要がなくなったため、村もなくなってしまった。これはとてもわかりやすい。

ただ、岳集落は鉱山で働く人たちのための村ではない。だから廃村になった理由も廃鉱になったからではない。なぜ廃村になったのか？　いくつか噂はあるものの、本当のところはわからない。そもそもなぜこんな山奥に村ができたのか、それもわからない。

皆口が告げる。

「山道をしばらく歩いたところに廃村はあるみたいです」

しばらく、とはずいぶん曖昧な情報だ。そして、もしものためにと熊撃退スプレー「ポリスマグナム」を渡された。皆口からは冗談めかして渡されたが、冗談ではない。秩父の山林内はれっきとした熊の生息地なのだ。

俺は、霊だのお化けだのは基本的に信じていない。だから心霊スポットに行くときも、「祟られたらどうしよう？」などとは悩まない。

ただ、だからといって、怖くないのかと言われると、そんなことはない。神秘現象を信じていなくたって、暗闇は怖い。しかも森の暗さは特別だ。どこまでも、どこまでも暗い。手にした懐中電灯の人工的な明かりなどは、すぐに木々に吸い込まれてしまい、闇を払うことはできない。

視覚が閉ざされると聴覚が鋭敏になる。暗闇の中のわずかな〝音〟を聞き取ってしまう。キーキーと猿のような鳴き声が聞こえてくるし、ガサガサガサと木々がこすれる音がする。

暗闇の中に、猿、鹿、猪、熊などの獣が生息しているのかと思うと恐怖で身がすくんだ。


暗闇と動物に怯えながら15分ほど山道を進んでいくと、突然、今は誰も参っていないような古い墓が現れた。墓石は苔むしたり、倒れかけたりしている。

そしてボロボロの廃屋もいくつかあった。かなり古い、もともとは立派であったであろう木造の建物だ。


ここが目的の岳集落だなと、確信しながら先に進む。

懐中電灯の明かりが、きちんと並べられた石を照らした。

「うわっ……」

思わず絶句してしまった。

ずらりと地蔵が6体並んでいて、その横には馬頭観音も祀られている。

深夜に見る地蔵はただただ気味が悪い。ふと見ると、地蔵の近くにラミネートされた張り紙が出されているのを見つけた。俺は懐中電灯で張り紙を照らして、恐る恐る読み上げた。

「ここに昔からいたお地蔵様が行方不明になりました。昔からあったお地蔵様で、馬頭様のそばに一つだけあった大きなお地蔵さまです。

〜中略〜

この大きな1つのお地蔵様には昔から言われがあって、手を付けると、やけどをすると言われました。手を付けると怖いお地蔵様です。

今まで嶽部落は何もありませんでしたが、そのさわりで25年8月に嶽部落が大火事になったのかもしれません。

また、災難があると困るので、『お地蔵様』是非、元の場所へ帰ってきてください。お願いします。(原文ママ)」

地蔵なんて盗むヤツいるのかよ？

それより大火事ってなんなんだ？

俺は、軽くパニックになった。


後から調べてわかったのだが、岳集落は2013年8月28日に火事が発生している。

当時の新聞を見ると、事件について次のように書かれていた。

「非現住建造物等放火の疑いで、住所不定、無職佐藤祐太容疑者（二六）を逮捕した。逮捕容疑では、二十八日午後六時半ごろ、秩父市浦山の空き家に放火し、木造二階建て約百三十平方メートルを全焼させたとされる。署によると、『自殺するつもりで家に入って火をつけたが、燃え広がったのを見て怖くなって逃げた』と容疑を認めている。他の空き家二棟にも延焼し、いずれも全焼した。」


火事の直後には、放火された廃屋のあたりは焦げた広場になってしまっていたという。燃え残ったトタンや陶器は放り出されたままになっていたそうだ。

俺たちが訪れたときは、火事からすでに6年が経っていたため草木が生え、深夜にパッと見ただけではそこで火事があったとはわからなくなっていた。しかし、放火で焼けた場所を踏み歩いていたのかと思うと、薄ら寒いような気持ちになる。

先へ進むと、使われていない井戸もあった。

心霊スポットの井戸はヤバいというのが、オカルト界では定番らしい。そういえば、お菊も貞子も井戸から出てくる。

深夜に見る深い穴は、吸い込まれそうな恐怖を感じる。

さらに村の奥に進んでいくと、鳥居が現れた。暗闇に立つ鳥居は、ぎょっとするくらい禍々しい。

ただよく見てみると、鳥居も中にある社務所も傷んでいない。どうやら定期的に手入れがされているようだ。

突然、ディレクター皆口が、その場にそぐわない明るい口調で話し出した。

「この村には、かつて一家惨殺があったという噂があります。その場所を探したいと思います。これからは落合さんと長尾くんのチーム、俺とまーくんのチームで二手にわかれて捜索しましょう」

勝手に話を進めていく。

惨殺があった場所って、そんな何十年前も昔の殺人の跡がいまだに残ってるわけはないだろう……と内心思ったものの、早く帰るためにも、もうとっとと終わらせたい。

俺は、長尾と二人で奥に進んでいった。

皆口＆内田

皆口と内田は神社の向かいにある廃屋に向かっていった。

深夜に見る廃屋はまるで、大きな生き物の屍のようだ。外壁が崩れ落ち、骨組みが丸見えになっている。内臓はぐずぐずと朽ちて、自然と同化していく。もう二度と元通りになることはない。

ただ、死んでいる建物であっても、生きていた痕跡は残っている。子供の靴が無造作に置かれていたり、酒瓶や布団などが落ちている。当時の電話帳をめくると、まだ読める状態だった。中途半端に残された生活感がますます不気味さを増幅させる。

探索をしながら、内田は落ち着きなく周りを見渡す。

「あれ、今人影が通ったような気がした」

「なんか音、聞こえなかった？　男性の息遣いのような……」

何かに、センシティブに反応している。

実は、内田はいろいろ〝見えたり〟〝聞こえたり〟する質である。

ただ、残念ながら、同行した皆口の回すカメラには、それらしき映像も音も捉えられてはいなかった。

俺は長尾と目の前にある廃屋に入る。

こちらの廃屋も朽ち果てている。壁には「浦の村上云々」と筆で書かれた落書きのようなものもある。

廃屋を出て道なりに進んでいくと、立ち入り禁止のパイロンを見つけた。近くからは川の音がする。向こうにもまだ道が続いているようなので、封鎖されたその先に進んでみることにした。

長尾が竹藪の向こうで何かが光っているのに気づく。

「なんか光ってますよ、あそこ。なんだろ？」

俺は長尾が見つめる視線の先を追いかけた。たしかに遠くに丸い光があるのが見えた。

岳集落があるのは秩父の山奥で、当然街灯など全くない。地図を見ると、近くには青少年向けのキャンプ場があったが、もう夜中だからたとえ人がいたって光は放っていないはずだ。

結局、何かはわからないまま光を見失った。

前進していくと軽く土砂崩れが起きているような場所に出た。

「『SIREN』の羽生蛇村って、土砂崩れで村がなくなったって設定なんですよ」

長尾が思い出したように、話しはじめた。

『SIREN』は屍人が徘徊し孤立する山中の廃村から脱出するゲームだ。テレビで流されたコマーシャルがあまりに怖すぎるため、放送中止になってしまったという逸話もある。

長尾は俺の少し前にいて、振り向かずに話を続ける。

俺もYouTubeで流す動画を撮影している、という自覚はある。今は長尾がしゃべるターンなので、黙って聞くことにする。

突然、会話は途中でぱったりと途切れてしまった。そして長尾の気配もぱったりと消えてしまった。

「長尾くん？　長尾くん？」

呼びかけたが、返事はない。


俺は急に一人ぼっちになってしまった。

10メートルも離れていなかったのに、どこをどう探しても長尾はいない。

真っ暗な山の中で一人になり、ぐぐぐっと全身が恐怖に支配されるのを感じる。

〝すぐに〟駐車スペースまで戻ろうと歩き出す。四人で歩いても気持ち悪かった山道は一人だと何倍も怖い。

粘度のある闇が体にまとわりついてくる気がして、思わず早足になる。

パイロンを過ぎ、地蔵の横を通り過ぎる。三人の姿は見当たらない。行きは上り坂だったが、帰りは下り坂なのが救いだった。

わき目もふらず足を動かす。ようやく自動車が見えてきた。そこには三人の姿もあってホッとした。それと同時に、少し腹も立ってくる。

「なんで急にいなくなるの。焦ったー‼」

声をかけるが、三人とも唖然とした顔をしている。

ここで時間を巻き戻す。

ここからは、長尾たちに聞いた話だ。

俺自身は経験していないし、正直どうにも怪しい話だなと思っている。

皆口＆内田＆長尾

「土砂崩れで、村が消滅するのがゲームの冒頭シーンなんですよ。怖くないですか？」

『SIREN』の話を続ける長尾は落合に問いかけた。しかし返事はなかった。長尾は、ふっと落合の気配が消えたのに気がついた。

「あれ？　落合さん？　ん？」

長尾は振り向いたが落合はいない。

懐中電灯をふり回し暗闇を切り裂くが、どこにもいなかった。

「え？　え？　落合さん？　落合さん？」

いつも冷静な長尾の声が上ずる。運動をしたわけでもないのに、ゼイゼイと喘ぐような呼吸音をマイクが拾う。

しばらく名前を呼んだが返事がないため、長尾は内田に電話をかけた。

「落合さん、そっちで見てない？」

「え？　落合さんとはぐれたの？」

「はぐれた……っていうか……」

長尾は言いよどんだ。落合は突然〝消えた〟のだ。

内田は、皆口に電話の内容を伝える。

「え？　なんで？　はぐれるとかあるの？　落合さんに電話した？　怪我とかが一番ヤバいから、電話して」

皆口は顔色をなくし、まくしたてるように言った。

内田は、最後まで聞き終える前に、携帯電話から電話をかけた。

「トゥルルル、トゥルルルル」

着信音は鳴る。つまり、繋がってはいる。しかし落合は電話に出ない。

内田の顔に焦りが浮かぶ。

皆口は怒ったような声で指示する。

「繋がるまでかけてみて」

慌てながら再び電話をかける。

「トゥルルル、トゥルルルル……ガチャ」

出た。やっと出た。

内田は少し安どして、話しかけた。

「落合さん？」

しかし返事はない。

「落合さん？　落合さんですか？」

問いかける。

「ジーガガガビビガガビガガガビガビビビ……ガガガガビビガビガビ……」

携帯電話からは、ノイズが流れた。ノイズだが、誰かがしゃべっているかのようにも聞こえる。

「落合さんですか？　もしもし落合さんですか？」

声をかけるが、返事はない。

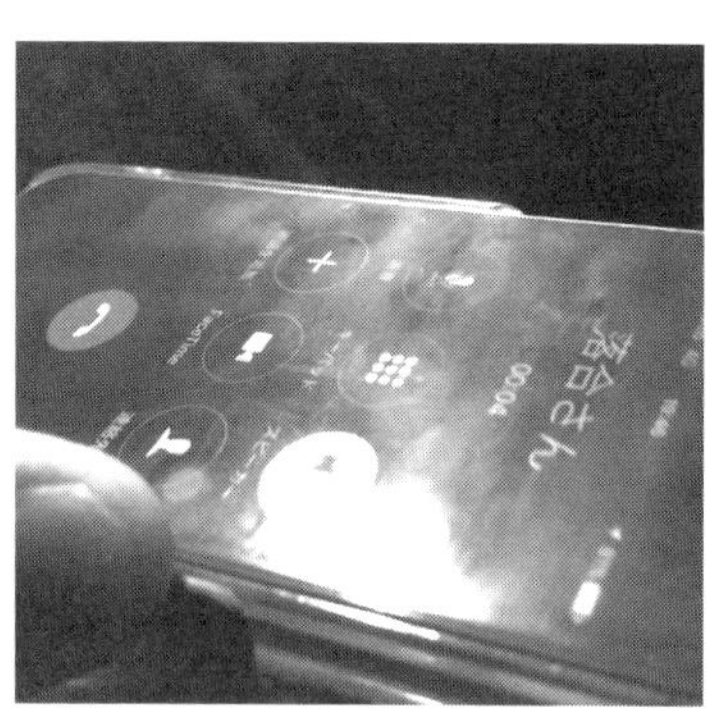

内田は急に怖くなった。

「……誰ですか？　あなた、落合さんですか？」

泣きそうな声で尋ねたが、結局言葉を聞き取ることはできなかった。

20～30分探したが落合は見つからないので、ひとまず自動車を停めた広場まで戻ることにした。ひょっとして先に戻っているかもしれないと思ったが、落合はいなかった。

「しょうがない、警察に電話しよう」

警察に「突然人が消えました」と言って信じてもらえるかどうかはわからないが、皆口はそうなったらビデオを見せようと思った。

そのとき、長尾が、ふと遠くを見ると光が動いているのが見えた。

「あれ？　あの光は……」

皆口が目を凝らす。

「家の光なんじゃない……？　いや、あれ？」

懐中電灯を持った落合が戻ってきたのだ。

「なんで急にいなくなるの。焦ったー!!」

落合は無邪気に叫んだ。

駐車スペースで、俺と長尾の話をすり合わせてみる。

俺が長尾から『ＳＩＲＥＮ』の話を聞いているとき、突然長尾の気配が消えた。

逆に長尾が『ＳＩＲＥＮ』の話をしているとき、俺の気配はふっと消えたという。

ここまでは二人の体験は一致している。

二人は10メートルも離れていない場所にいたのに、急に別々の次元に飛ばされたかのように出会えなくなった。

長尾から俺が失踪したという報告を受けた内田は、俺の携帯に7回も電話をかけた。内田の電話には発信履歴が残っている。電話はたしかに着信していたらしいのだが、その間、俺の電話には着信履歴は残っていなかった。

皆口、内田、長尾は、ゆうに20〜30分は探した後に、駐車スペースに戻った。俺は、孤独が怖くてすぐに駐車スペースに戻った。にもかかわらず、先に駐車スペースに到着したのは三人の方だった。

どうにも、空間と時間がずれている。

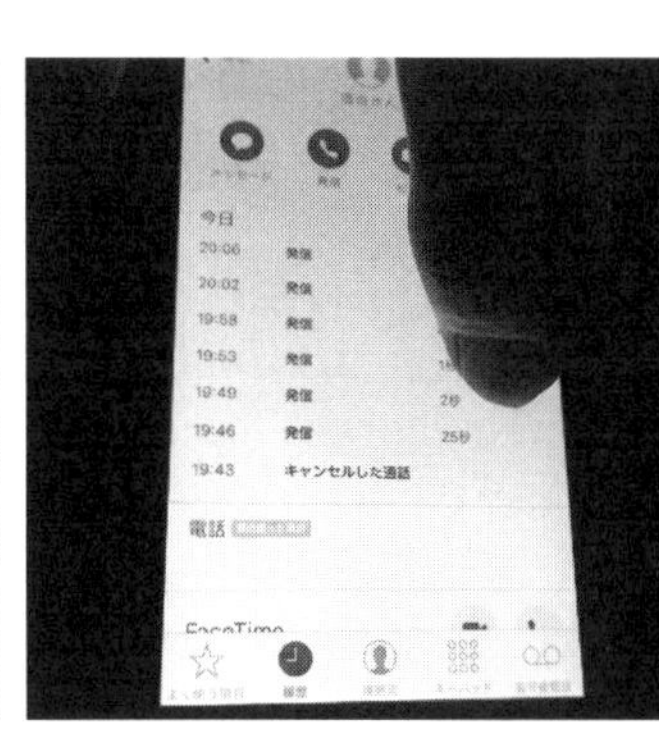

「なんですか？　なんですか？」

内田はしつこく聞いてきた。

「知らねえよ」

俺は振り払うように答えた。

聞かれたって本当にわからないのだ。


ただ俺は、うすうすみんなにハメられたんじゃないか？と思っている。端的に言えばこの回はヤラセであり、三人が俺をドッキリに引っかけたというわけだ。俺がそう言うと、皆口は落ち着いた口調で言い返してきた。

「だったら、素材見せましょうか？　全部ありますから。見たら、ヤラセじゃないってわかると思いますよ」

たしかに見たら一発で本当か嘘かわかるだろう。ただ俺は見なかった。

だって、本当に俺が消えていたのなら怖いじゃないか。

そんなの見ていられない。

結局結論の出ないまま、岳集落の旅は終わった。

	約15分		約20分	約15分	
落合	撮影	長尾が消える	？	山道	車に戻る
長尾（カメラ）	撮影	落合が消える	廃村で落合を捜索	山道	車に戻る
皆口（カメラ）	撮影	落合が消える	廃村で落合を捜索	山道	車に戻る
内田	撮影	落合が消える	廃村で落合を捜索	山道	車に戻る

「また機会があったら、岳集落にトライしたいですか？」

俺はそう聞かれて、食い気味に否定した。

単純に今まで行った心霊スポットの中で、一番かもしれないくらい怖い場所だった。あの圧迫感のある闇の中を歩くのはもう嫌だ。


スワンプマン（沼男）という存在を知っているだろうか？

１９８７年にアメリカの哲学者ドナルド・ハーバート・デイヴィッドソンが立てた思考実験からスワンプマンは生まれた。

思考実験の内容は以下のようなものだ。

「ある男がハイキングをしていると突然雷に打たれて死んでしまう。そのとき、もう一つの雷が沼へ落ちた。落雷の影響で、死んだ男と全く同じモノ＝〝スワンプマン〟が生成されてしまった。

スワンプマンは亡くなった男と全く同じ構造であるため、自分がスワンプマンであることも自覚していない。スワンプマンは何の疑問も持たないまま翌日から亡くなった男として過ごしていた。」

もちろん、岳集落では雷が落合を殺したり、生成したわけではない。

ただ、廃村に来た落合は次元の狭間に落ちて、代わりに違う次元からほとんど同一の落合が落ちてきたのではないか？　そんな、仮説も立てられる。

この仮説が現実である場合、落合自身はスワンプマンであることを自覚していない。落合は入れ替わる前の落合と全く同一の存在なのだから、生活に困ったりすることはなく、今後も落合であり続けるだろう。

ならば、次元の狭間に落ちた落合はどうしているのだろう？

「あれ、今人影が通ったような気がした」

「なんか音、聞こえなかった？　男性の息遣いのような……」

岳集落を探索中、内田は何度も反応していた。彼がそうつぶやいていたのは、落合が長尾とはぐれた時間に一致する。

ひょっとすると、次元の狭間に落ちてしまった落合がなんとか元に戻ろうとしていて、その息遣いや気配を内田は感じ取ったのかもしれない。

また内田がかけた電話は、次元の狭間にいる落合の携帯にかかってしまったのかもしれない。そうでもなければ落合の携帯に着信履歴が残っていないのはおかしい。

果たして、落合は本物の落合なのだろうか？

記憶を頼りに描いたMAP

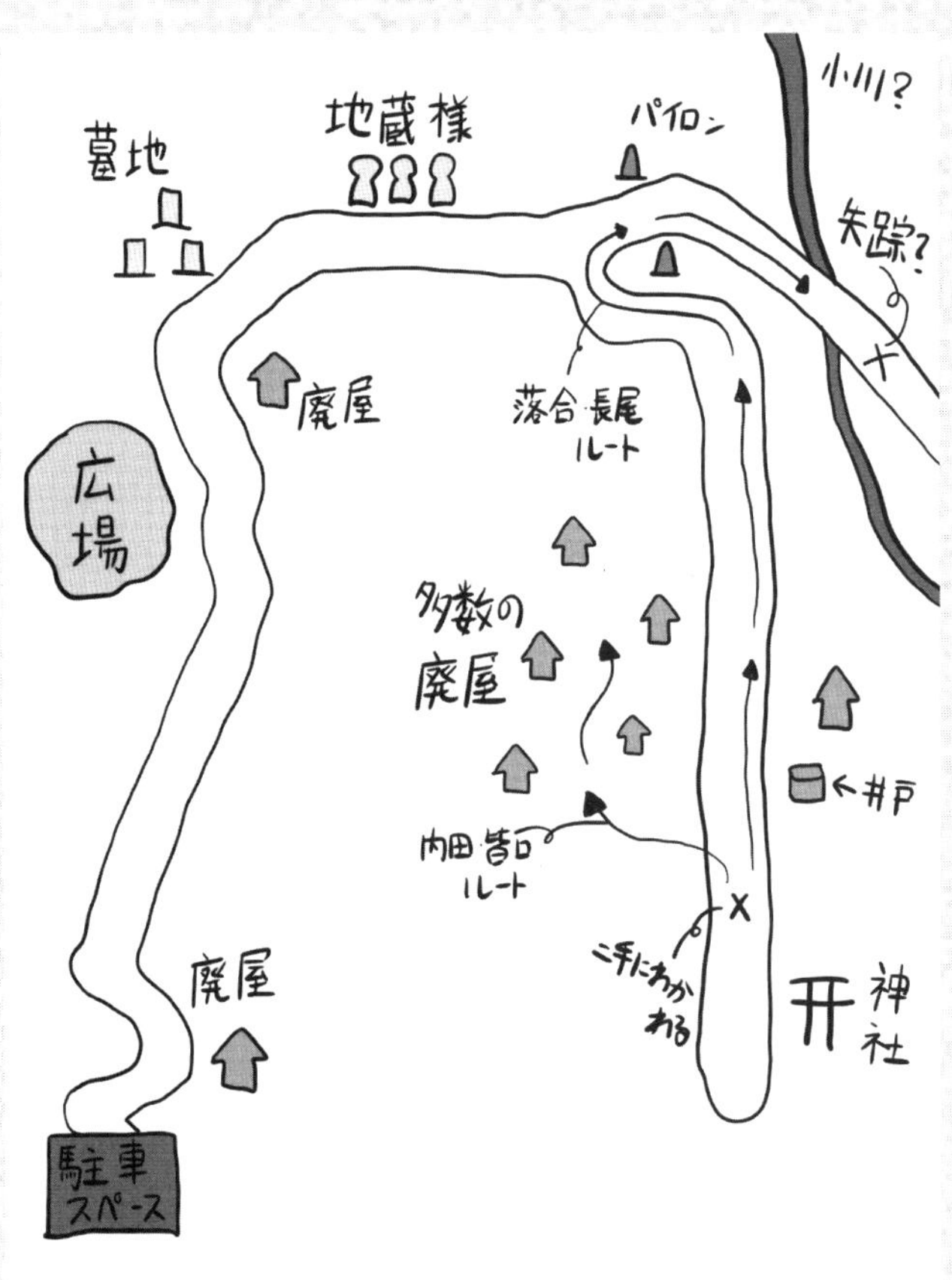

※実際のものとは違う可能性があります。

OFF SHOT

撮影前のファミレスで撮った1枚。
みんな携帯ばっかり見ていて、ほとんど無言。

2 章

事件の現場を徹底捜索！
本当にあった危ない部屋で何かが起こる！

ホテル活魚

［ほてるかつぎょ］

千葉県東金市にある廃ホテル。かつては「油井グランドホテル」という名前で営業していたが、当時、刺傷事件や焼身自殺が起きたとの噂がある。経営難により廃業後、料亭兼ホテル「活魚」として復活するが、それもほどなくして潰れてしまった。

2004年に起きた女子高生殺人事件の死体遺棄場所として全国的に有名となる。遺体は大型冷蔵庫の中に遺棄され、いまだその女子高校生の怨念はこのホテルをさまよっていると言われる。

知名度	A（全国的に知名度の高い超有名スポット）
恐怖度	A（雰囲気がヤバい。呪われそう）
ゾゾゾポイント	5

今回も、どこに行くかは告げられないまま、住所だけ渡された。

場所は千葉県東金市油井周辺だった。東京からなら、高速道路を使って1時間程度とさほど遠くはない。やっぱり俺が運転して現場に向かう。

到着したのは夕方だった。

国道126号から少し外れた場所で自動車を停める。畑が広がる田舎町だ。民家はパラパラと立っているものの、道路は狭く荒れている。そこに大きめのビルが複数立っているのが目に入った。どうやらどれもラブホテルで、小さなラブホテル街になっているようだ。

皆口と内田がカメラや照明の準備をしている間に日は落ち、あたり一面は、湿度の高い暗闇に包まれた。

皆口からメモを渡された内田が場所の説明をはじめた。

「ここは関東ナンバーワン心霊スポットと言われている『活魚』です」

心霊スポットの名前が〝活魚〟という名前なのはなんだか滑稽だが、しかしそれが逆に忌々しさを煽る。

活魚は、そもそもは昭和時代に建てられた「油井グランドホテル」という名前のホテルだった。その頃から、ここでは悪い噂が立ちはじめる。カップル客が痴話喧嘩から刃傷沙汰に発展し、一人が刺殺されてしまったというのだ。そこから連鎖するように、次々に自殺、傷害事件が発生して、ついには潰れてしまったという。「焼身自殺もあった」ということしやかな噂も流れている。

ただしその後、油井グランドホテルは活魚として復活する。新鮮な魚料理を提供する料亭兼ホテルに生まれ変わったのだが、こんな田舎のラブホテル街に鮮魚を食べにくる人がそうそういるわけもなく、やはりすぐに潰れてしまったらしい。

そのときに、建物に大きく〝活魚〟と書かれていたため、その名で呼ばれるようになったようだ。

油井グランドホテル時代からかなりのいわくつきの建物だったため、心霊スポットとして人気になり、県の内外から、廃墟好きの若者たちが訪れるスポットになった。


ここまで聞いて、「まあ、そういう廃墟ってあるよな」という感想を持った。

ちなみに俺は、廃墟は特段好きじゃない。友達同士のノリで廃墟巡りをしたこともない。

内田の説明はさらに続く。

「ホテルが潰れて10年ほど経った2004年。殺人事件が起こったんです」

2004年の年末、地元に住む女子高生がカラーギャング五人にさらわれた。女子高生は路上で強姦されて、その後絞殺された。

「そして死体を捨てたのが、油井グランドホテル内の大型冷蔵庫の中だったんです。蛇足ですけど、加害者の一人は収容中の刑務所で自殺したそうです」

内田は淡々と語った。

いやいや、心霊スポットだとかいう前に、絶対にガチでダメな場所じゃないか。

ふと見ると、長尾もかなりビビっていた。

顔面ピアス&青い髪の毛でおなじみの長尾はゾゾゾの第3回「畑トンネル」ではじめて会った。そのときは、それこそ地元のヤバいヤツを皆口が連れてきたと思い、長尾には聞こえないように「変なドキュンを連れてくるんじゃないよ」と耳打ちしたものだ。

ただ、長尾は見てくれとは相反して真面目な面もあり、心霊スポットでも怖さを抑えて丁寧に解説をしてくれる。

だけど今の長尾は髪の毛よりもブルーになっている。

「ここ、僕がお断りしたかった場所、ナンバー1です……」

小声でぼやいた。

ただずっと路上でビビっていても仕方がない。とにかく建物に向かうことにした。

道路からは森の中に建物の屋根の一部だけが見えていた。周りにあるラブホテルのように背の高い建物ではないようだ。

恐る恐る草木をかきわけて藪の中を進む。粗大ごみがた

くさん捨てられている。わざわざここまで運んでから捨てたのだろう。

藪を抜けると、ファンシーな形の建物が現れた。2階建ての1階に自動車を停めて、2階の部屋に泊まる、いわゆるモーテルのような施設だったようだ。近くに寄ると、建物が徹底的にボロボロなのがわかった。経年劣化だけではない。地元の不良たちが書いたのであろう落書きもたくさんある。

「なんかココ気持ち悪いな……」

俺は、無意識につぶやいた。心霊現象は信じないが、それでも〝気持ち悪い場所〟というのはあるのだ。

二手にわかれて事件現場らしきところを探すことになった。

1階は内田と長尾、2階は俺と皆口で調べる。

俺と皆口は2階の廊下を進む。

階段がたくさんあり、それぞれの階段が部屋に繋がっている。当時は1階の駐車場から二人で階段を上り、部屋にしけこんだのだろう。

ここも壁は徹底的に落書きだらけだった。

ゾクッと寒気がした。「これは、よくない場所だ……」と感じる。

廊下の先を懐中電灯で照らしながら進んでいくと、ふっと一つの部屋で何かが動いた気がした。

「うわうわうわっ……」

思わず怯えた声が漏れてしまった。

その部屋に入ると、真っ赤な壁が目に入った。いくらラブホテルとはいえ趣味が悪い。

壁やトイレはボロボロに破壊されていた。部屋から溢れ出る負のオーラに精神が蝕まれていくのを感じる。

内田&長尾

内田と長尾は1階のおそらくロビーであったであろう場所を探す。冷蔵庫が落ちていたので「まさか？」と思ったが、死体を入れるほど大きくはなかった。

外から見た以上に、建物内は荒れに荒れていた。不気味な顔の落書きの横に「おまえの手足をちょんげ」と書かれているのを見つける。滑稽だが笑えない。この絵を描いたヤツもここに来ているのだ。

そもそも、女子高生を殺した不良たちも、ここに来ていたわけだし、最悪、地元のヤンキーとバッティングしてしまう可能性もある。心霊も怖いけれど、ヤンキーも怖い。

おまえの

二人が1階を探索する動画を後から確認すると、

「びびびびびびびびびびびび」

というノイズが強く入っていた。

長尾はどうやらそのノイズに気づいているようで（音として捉えてはいなかったようだが）、しきりにノイズがする方向を撮影していた。


1階は、2階に比べて部屋数が少なく、早めに探索を終え合流した長尾と内田も逆方向から2階を探索することになった。そこで、内田が本当に危ない部屋を発見する。

「お知らせ　関係管長のお申出により、お客様の車両ナンバーを控えさせていただいております。」

不穏なプレートが貼られたドアの隣の部屋を見て、内田は絶句した。

「……えぐい……なんだこれ……何この壁？」

部屋が焼けていたのだ。懐中電灯に照らされて白い灰が舞っているのが見える。

活魚ではかつて焼身自殺があったという噂もあった。そこまで古い焼け跡ではないかもしれないが、それでも気にはなる。

内田は、慌てて電話をかけた。

内田から電話を受けた俺と皆口はおっとり刀でその焼けた部屋に向かった。

そこに着くと、長尾が言った。

「なんか、臭いんです」

〝臭い〟を感じたのは焼けた部屋の向かいの部屋だった。そこは〝くさい〟のだが、なんの臭いなのかはわからなかった。部屋が燃えたのとはまた違う臭いだ。

とにかく、まずは全員で焼けた部屋に入る。柱などは煤で真っ黒になっていた。マットレスは焼けきって、金属のスプリングだけが無残な姿を晒していた。

ただ、鏡だけは無事に残っていた。ほとんどの部屋の鏡は落書きされたり、割られたりしているのに、なぜかこの部屋の鏡だけは多少汚れているだけで健在なのが、逆に気持ち悪い。

俺たちはすっかり雰囲気に呑まれてしまった。

そんな重い状況にもかかわらず、皆口が、妙に高いテンションで言った。

「絵的に、もうひと押しほしいなと思って。ここで、恐怖の実証実験をやってみたいと思ってるんですけど……。一人ぼっちで30分焼けた部屋にいてもらって、幽霊が出るかどうか試してみましょう!!」

誰も皆口の顔を見ない。皆口はみんなを見回した後に、俺を見て言った。

「んー、落合さんかな」

「おい!!」

30秒いるのだって嫌なのに、30分もこんな場所に一人でいろっていうのか？　目の前が暗くなる。皆口に有無を言わせずハンディカムを渡され、俺は部屋の中に取り残された。

皆口たちは、隣の部屋に待機してくれればいいのに、わざわざ外まで行ってしまう。何かあってもすぐに合流できない、というのがより恐怖を煽る。孤独感が半端ない。

そしてもう一つ怖いのがハンディカムに写っている映像だ。実証実験中は、ハンディカムで自撮りをしながら佇んでいる。当然、自分の背後が見える。その映像を見ていると、自分の後ろに何かが写り込みそうでとにかく怖いのだ。

特にこの部屋は、暗闇が多い。

心境をレポートしながら、10分が経った。

体中に鳥肌が立ちはじめる。

そして、20分が経過、段々と様々な〝音〟が聞こえはじめた。

いきなり、はっきりと男のうめき声が聞こえた。

「うおっ!!　うおっ!!　うおっ!!　ちょ、ちょっと待って……聞こえた!!　聞こえた!!」

俺は慌てて外に出て、みんなのところへ駆け出した。

「1回戻って、どっちから声が聞こえてきたのか検証してみましょう」

皆口が呑気なことを言う。もう戻るのは嫌だったが、全員で行くというから仕方がない。

部屋に戻り、〝声〟の出元を検証してみる。音がしたのは焼けた部屋ではなく、廊下を挟んで向かいの部屋なのかもしれない。長尾が「臭いがする」と言っていた部屋だ。

俺たちは全員でその部屋の中に入った。

部屋の中は強烈な臭いがした。焼けた部屋の方が、ずっとマシなくらい臭いが強い。

なんの臭いなのかはわからず、全員が顔をしかめる。

そのとき、皆口がベッドの上に〝染み〟があるのを見つけた。

「これ……血だよ」

正直、めちゃくちゃ引いてしまった。

「1回部屋から出ましょう」

さすがの皆口も言い、全員で外へ出た。

ただ、そのまま撮影を終了はしないところが、さすが皆口だ。

「ダメ押しに、しょうちゃんで実証実験をしましょう」

長尾の顔は、恐怖でどす黒くなっていた。ろくに返事もできず「すーっ」と、息を吸い込む音だけ聞こえた。

長尾

長尾は、焼けた部屋の中に残された。

震える声でレポートする。

「廊下側から……音が聞こえてきます」

10分ほど経った頃、物音が頻発しはじめた。

「あ、無理ですね。これダメですね。足音が聞こえて……低い声が聞こえて、ちょっと出ますね。無理です我慢できませんごめんなさい。無理です。無理です」

長尾は必死にパニックを抑えながら外に出てきた。

恐怖心で顔がひきつっている。

「やっぱり廊下から声が聞こえますね……。低い声が聞こえます」

やはり臭い部屋から音が聞こえてきていたようだ。

そんな話をしていると、開き直ったかのように「ぱきぱきぱきぱきぱき」と音が聞こえた。様々な音が嫌がらせのように、俺たちの耳に入ってくる。

身の危険を感じて、俺たちは一旦活魚から離れることにした。

そのとき、皆口が活魚の2階の異変に気づいた。カメラには写らなかったが、肉眼では先ほどの焼けた部屋のあたりで明かりがついたり消えたりしているのが見えた……そうだ。ライトを外しても、光っていたのだという。

皆口、内田、長尾は見たらしいが、俺はとっとと現場から離れてしまった。

三人はしばらく「光ってた‼　2階が光ってた‼」と話をしていたが、俺は怖かったので無視をした。

ようやく活魚から離れ、俺たちは逃げるように東京に帰った。いつも以上に車内はどんよりした雰囲気になっていた。

探索から数日が過ぎてようやく冷静に物事を判断できるようになってきた。

実証実験のときにはたしかに、声や物音が聞こえてきた。ただそれは、よくあることだ。無音の部屋の中にいると、小さい音にも敏感になるし、なんとなく聞こえたような気持ちになるものである。

ついつい霊を信じてる人たちの同調圧力に乗せられてしまったな……。

ようやく平常心を取り戻した頃、皆口が会社で話しかけてきた。

「今、活魚の動画を編集してるんですけど。落合さん、現場で『男の低い声が聞こえる』って言ってたじゃないですか？　あれって本当に聞こえてたんですか？」

皆口は、公開前に連絡を寄越すことはない。俺たち出演者は、一般の視聴者と同じく、YouTubeで公開されたときにはじめて見る。

「まあ、あのときは聞こえたような気がしたけどね。まあ、ああいうところにいたら聞こえたような気がするんじゃない？　わざとらしかったら、カットしておいてよ」

俺が言うと、皆口は表情を変えずに続ける。

「今、その部分の映像を編集してるんですけど。実はですね……。〝声〟めちゃくちゃ入ってるんですよ」

俺は、唖然としてしまい、言葉を失った。

「今更ですけど、あのときって現場に誰もいなかったですよね？」

「そりゃいないよ。あんな場所に、俺ら以外に人間がいたらその方が怖いよ‼　いたら逃げ帰ってるよ‼」

また皆口が俺をだまそうとしてるんじゃないかと思った。まだ岳集落の一件だってドッキリだったんじゃないかと疑っているのだ。

そう伝えると、皆口は心外だという顔をした。

「いや〝声〟、本当に入ってますよ。いろいろな場所で。聞きますか？」

「絶対に嫌だ‼　聞かない‼」

俺は反射的に断った。

そして、いまだに俺はその音源を聞いていない。

活魚はもう二度と行きたくないと思う場所の一つだ。思い出すだけで、忌まわしい気持ちになる。

現場で落合は気づいていなかったようだが、実証実験の映像には、たくさんの声が残されていた。

落合がカメラに向かってレポートする。

「ここほんとたぶんマジでヤバいっすね。空気が重い……」

それに呼応するように

「うん」

という声がするのをハンディカムははっきりと捉えていた。

「残留思念」という言葉がある。

人が物事を強く思ったときに、その〝気持ち〟がその場に残留すると言われている。持ち物に触れることによって、持ち主について知ることができる超能力は「サイコメトリー」と呼ばれ、その能力を持つ者を「サイコメトラー」という。

サイコメトリーは、小さな残留思念を拾うことができる能力だと言える。ただその残留思念が大きくなれば、ひょっとしたら我々一般人でも感じることができるのかもしれない。

地縛霊はその場所で亡くなった人の思いが、そこから離れられなくなった現象だと言われている。残留思念がその地にこびりついているのだろう。

仮説ではあるが、活魚は大きな地縛霊スポットになっているのかもしれない。殺されたのは女子高生だったが、聞こえた声は低い男性のものだった。

この声が、被害者の声なのか、加害者の声なのかはわからない。油井グランドホテル時代なのか、活魚時代なのか、廃墟になってからの声なのかもわからない。

ただ、いずれにしてもこの場所に関係あった人の声ではないだろうか？　一人ではなく、複数人の思念が混ざり合っているのかもしれない。

帰りに2階が光っているのが見えたのも、残留思念だったのかもしれない。人間の思念ではなく、建物自身の記憶、思念だったのではないだろうか。

火事が起きたのはいつなのか？

誰かが亡くなったのか？

細かいことはわからない。

ただ建物自体は覚えている。記憶が染み付いている。

その記憶の一部が彼らの脳裏に映写されたのではないだろうか？

記憶を頼りに描いたMAP

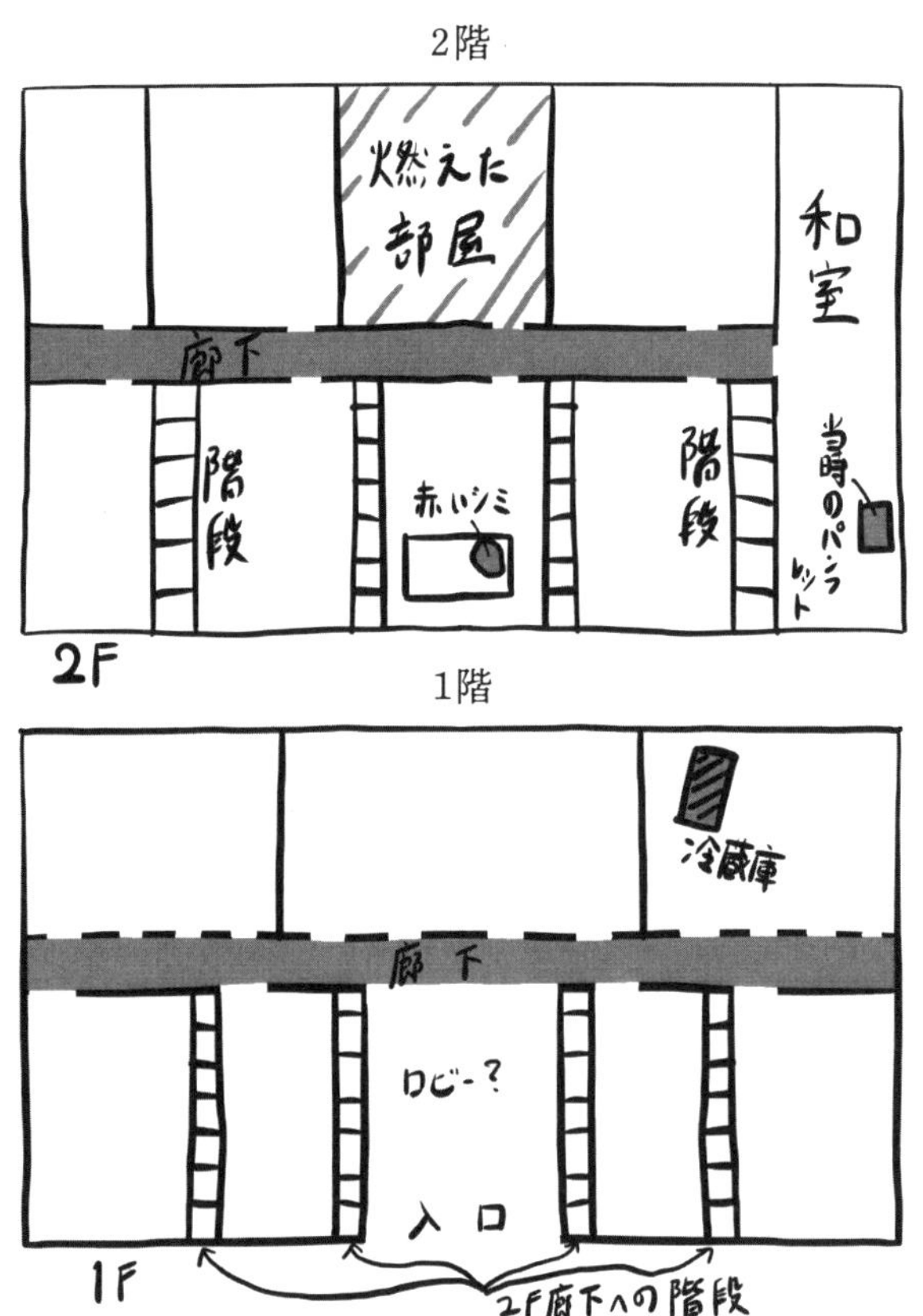

※実際のものとは違う可能性があります。

OFF SHOT

撮影後の飲み屋で撮った1枚。
恐怖に遭遇した後のビールは格別に旨い。

3 章

最恐心霊スポット!
呪いのビデオの廃神社で目撃したものとは!?

武尊神社

[ほ た か じ ん じ ゃ]

群馬県みどり市にある廃神社。最恐心霊スポットとして名高く、通称「呪いの廃神社」と呼ばれている。

多くの心霊番組で取り上げられ有名となるが、特に1999年から続く人気ビデオシリーズ『ほんとにあった！呪いのビデオ』に登場し、老婆の霊が写ったことが話題になった。

また、取り残された太鼓が置いてあり、誰もいないはずの神社からその太鼓が時折鳴っているという噂がある。

ただし、この場所について過去の詳細はいまだ不明点も多い。

知名度	B（地元では有名な肝試しスポット）
恐怖度	A（雰囲気がヤバい。呪われそう）
ゾゾゾポイント	5

人によって、一番怖いと思うスポットは違う。俺にとっての最恐スポットは岳集落だった。とにかく、自分自身がいなくなってしまったワケだし、もう行きたくない場所だ。

しかしディレクターの皆口にとって一番怖かったスポットは、今回訪れる〝廃神社〟だったという。

たしかに恐れ知らずのディレクターをビビらせるくらい、不可思議な出来事がたくさん起きた場所だった。

当日、俺はのっけからハイテンションだった。不徳の致すところで、奥さんが家を出ていったところだったのだ。

つまりは傷心の上での空元気だ。

「もう失うものはないからね‼」

そんな気分だった。

今回は、俺、皆口、内田の三人の、いつもより少ないメンバーで心霊スポットへアタックすることになった。

いつも通り俺の運転で、見知らぬ目的地に向かう。東京から北へ北へ進み、やがて利根川を越える。2時間半ほど走ったところで、国道122号から細い道へ逸れた。広

い無料駐車場があったのでそこに車を停める。

ここからは、徒歩で山道を登っていく。

登っていくにつれ道幅は狭くなり、道路の状態は悪くなっていく。アスファルトのヒビから、雑草が激しく生えている。人も車もほとんど通っていない道なのだろう。

真っ暗な道を15分ほど登り、小さな墓地を通り過ぎたところで、鳥居が現れる。

皆口が告げた。

「ここが目的地です」

今回の心霊スポットの名前は「武尊神社」。武尊と書いて、ほたかと読む。

北西に30キロほど進んだ場所に、「武尊山(ほたかやま)」という山がある。その山の周りには武尊神社という同名の神社がいくつもある。少し距離はあるが、武尊神社という名前の神社は他の地域にはほとんどないから、関連はあるだろう。

武尊というのは、日本武尊(ヤマトタケルノミコト)からきている。日本武尊は人気の神様だから、祭神にしている神社は多い。

日本武尊は死後に白鳥になったと言われている。日本国中にある「大鳥神社」「白鳥神社」など鳥のつく神社の祭神はほとんどが日本武尊だ。

だがそんな話は今回全く関係ない。

この神社が有名になったきっかけは、1999年から続く人気ビデオシリーズ『ほんとにあった！呪いのビデオ』に登場したことだった。老婆の霊が写ったと話題になったのだ。

「心霊スポットで一番ヤバいのは廃神社らしいんです。神社は普段聖域として扱われているから、それが廃墟になっているのは非常に危ないそうです」

皆口は実に楽しそうに語る。

〝非常に危ない〟ならもっと緊張感持ってくれよ、と思う。

「では落合さん、一人で上ってきてください」

いきなりカメラを渡された。

「おう、行っちゃうよ‼」

俺は空元気がまだ残っていたので、一気に上っていった。

ボロボロの鳥居をくぐって、階段を上る。階段といっても草がぼうぼうに生えて、「よく見れば階段だとわかる」くらいの有様になっている。

階段を上りきると、丸い柱が二本立っていた。そして柱の下には、四角い柱が二本乱雑に落ちていた。

なんだろう？　と一瞬考えたのち、鳥居が崩れてこうなったんだとわかった。背筋がゾッと寒くなる。

空元気のハイテンションは一気に落ちて、慌てて逃げるように階段を下りた。

次に内田が一人で上ることになったのだが、俺以上に一瞬で帰ってきた。

内田は普段から自称「聞こえる体質」でビビリ屋だが、今日はいつも以上に怖がっているように見える。


結局、三人で揃って階段を上る。

「かつて老婆の霊が撮れた場所なので、パシャパシャと写真を撮りながら行きましょう‼」

皆口が指示した。

内田はビクビクしながらも、素直に写真を撮る。

先ほど、進むのを断念した壊れた鳥居をよけて先に進むと、本殿が見えてきた。

神社というと、非常に歴史があるものも多い。例えば「榛名神社」には１４００年以上の歴史がある。廃神社というから、そういう古い歴史のある建物かと思っていたが、実際は外壁がモルタル製の比較的新しい建造物だった。

ボロボロではあるが、残された建物の細工などから推し量ると、もともとはなかなか立派な建物だったようだ。

しかし、何年も放置されたために、いたるところが汚れて崩れて、非常に禍々しい雰囲気になっている。

「神社がこんな風に荒れることってある？」

荒廃した雰囲気に気圧され、しばらく立ち往生する。

「うわっ」

写真を撮っていた内田が声を上げた。

「もやがかかっちゃうんですよ……なぜか」

見ると、神社の外観を撮った写真の全体が白くぼやっとしている。もちろん周りに霧や霞は出ていない。

たまたまかもしれないと思い、何枚も写してみる。

「人物を撮ると普通に撮れるんですけど、建物や灯籠を撮ろうとすると白いもやがかかるんですよ」

実際に写真を見ると、白くボヤけていた。

いきなり奇妙な現象が起きてしまい、すっかり心が折れてしまった。

「これ以上先に進みたくない‼」と心の底から思う。

しかし皆口は、ガンガンと進んでいく。渋々、俺たちも先に進むことにした。

全く手入れされていない神社である。季節は夏で、全面的に草がぼうぼうに生えている。

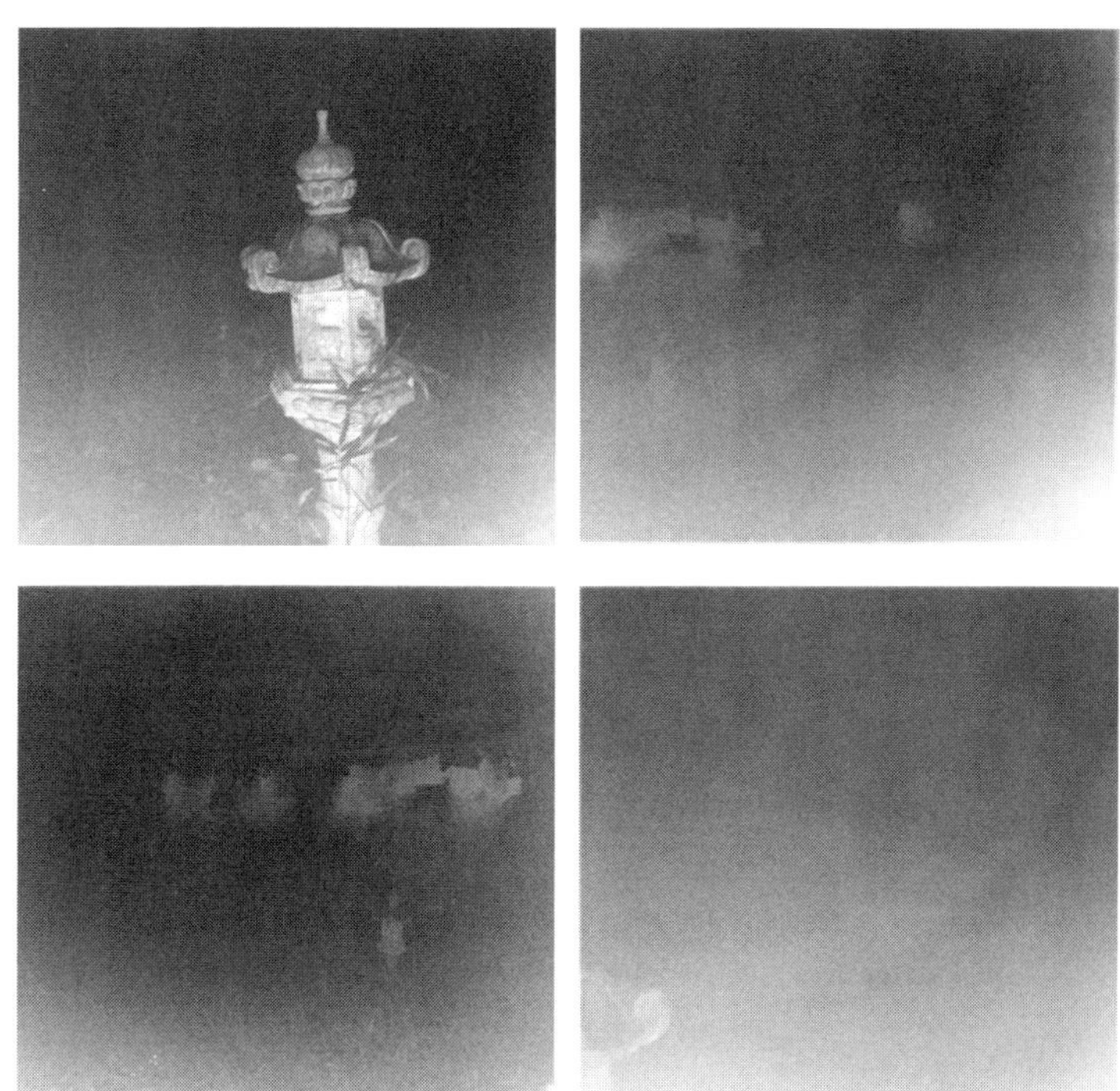

俺の身長くらいまで育った雑草を手でかきわけながら先に進んでいく。

撮影用のライトをつけているのだが、その明かりに無数の虫が群がってくる。蚊なのか蛾なのか、小さい気持ち悪い虫がいっぱいだ。

「ひっ‼」

「うわあ‼」

虫が顔に当たるたびに、内田が悲鳴を上げる。

「わかるけど、反応しすぎだから。ちょっと我慢して」

あまり頻繁にリアクションする内田に皆口がディレクターとして、文句を言った。

そうしてやっとたどり着いた本殿だったが、入口にはガッチリと鍵がかかっていた。簡単に開けられるようなヤワな鍵ではない。俺は残念だ、という顔をしつつも内心はほっとしていた。さすがに鍵をこじ開けてまで中に入ろう、とは言わないだろう。

皆口に、一応社の周りを調べてみようと言われて恐る恐る探索する。やはり荒れ放題になっている。

そして……1カ所本殿のドアが開いているのを発見してしまった。

皆口にとっては喜ばしい発見であるはずなのに、少し顔がこわばっている。

建物の中を覗き込むと、近代的な室内だったが、やはり風雨でボロボロになっていた。畳が敷いてあったが、何枚も剥がされていた。

そして、室内には大きい太鼓が置いてあった。

武尊神社には、「取り残された太鼓が置いてあり、誰もいないはずの本殿から、その太鼓を鳴らす音が聞こえる」という噂があった。もちろんホラー番組の撮影なのだから、噂の太鼓はあった方がいいのだが、本当にあったらあったですこぶる怖い。

そして太鼓には、どこかの悪ガキが破ったのか大きな穴が開いていた。

「これは、怖い……」

皆口の口から、めずらしく弱音が漏れた。

真剣な顔をしたまま撮影を続ける。

「神社がこんな風に荒れるってことありますかね？　どういう状況なんだろう……」

神主が亡くなった？

引き継いでくれる人が全くいなかった？

想像はできるが、答えはわからない。

わからないから、胸の中にモヤモヤが溜まる。

部屋の端には階段状の祭壇があった。

今は何もないが、当時は神像などが祀ってあったのかもしれない。

「落合さん、登って祭壇の中撮ってきてもらいたいです」

皆口が言った。

「さっきは失うものないって言ってたじゃないですか」

「嫌だよ、絶対ダメだって」

揚げ足を取られる。

渋々、祭壇に登ることにしたが、思ったより一段目が高かった。足を目いっぱいに上げてなんとか登る。心霊スポットで、こんなにもアクロバットな体勢を取ることってほとんどないだろう。

祭壇の中は思ったよりも広く、畳一畳半くらいの空間があった。特に何もないのだが、半端なく不穏な気配がする。

その空間に体を入れると、すごく息苦しくなった。ねっとりと空気が生暖かい。じっとりと全身に嫌な汗をかいて、下りてきた。徒労感がすごい。

皆口は、なんとかいつもの調子を戻したようだ。

「ここ見てください」

太鼓に開いた穴を指差す。穴の中を見てみると、太鼓の中には武尊神社の木札が放り込まれていた。罰当たりにもほどがあるだろう。

「では、今回も実証実験をしましょう」

すると先ほどまでいた祭壇から、ゴソゴソッと物音がした。心臓がギュッと掴まれたような気がする。でも、そんなことで皆口はめげない。

「落合さんには太鼓を5回鳴らしてもらおうと思います」

皆口と内田は、俺を残して外に行ってしまった。せめて近くで待っていてくれと頼んだのだが、あっさり却下された。結局、二人は階段を下りて、ロケのスタートの場所で待つと言って去った。

立ち去る内田はしきりに「ずっと、頭が痛い……」と言っていたが、内田はだいたいどこに行っても「頭が痛い」「声が聞こえる」と言っているので、皆口には無視されていた。


誰もいなくなった本殿の中でしばし佇む。

恐怖感がべったりと背中にまとわりついて、心が侵食されていく。気を紛らわせるために、周りを物色すると部屋の隅に木札がかかっていた。よく見ると、叩き折られていた。

なんで、こんなことするんだ⁉

恐る恐る、太鼓を叩いてみる。バチはないので、手で直接叩く。

「失礼します……」

神様か霊かに謝った後に、パン、パン、パン、パン、パン、パン、と5回太鼓を叩いた。

恐怖で手が震える。

何も起きない。

しばし佇んでいると、体に虫がたかってきた。

「ああ、もう虫!! もうすっごい蚊に刺された……」

独りごちりながら、カメラを下ろすと……


俺の後ろに「足」が写った。


ジーパンに、スニーカーを履いている足だ。

「うわあ!! あ!! あ!! あ!! やばい!! やばい!! やばい!!」

大声で叫びながら、神社の外に飛び出した。皆口たちがいる場所まで走る。


叫び声は、階段の下にいた皆口と内田の耳にまで届いていた。

合流した俺は、息を切らせながらカメラを巻き戻して二人に映像を見せた。

「写ったよね? 俺じゃないよな、あれ!?」

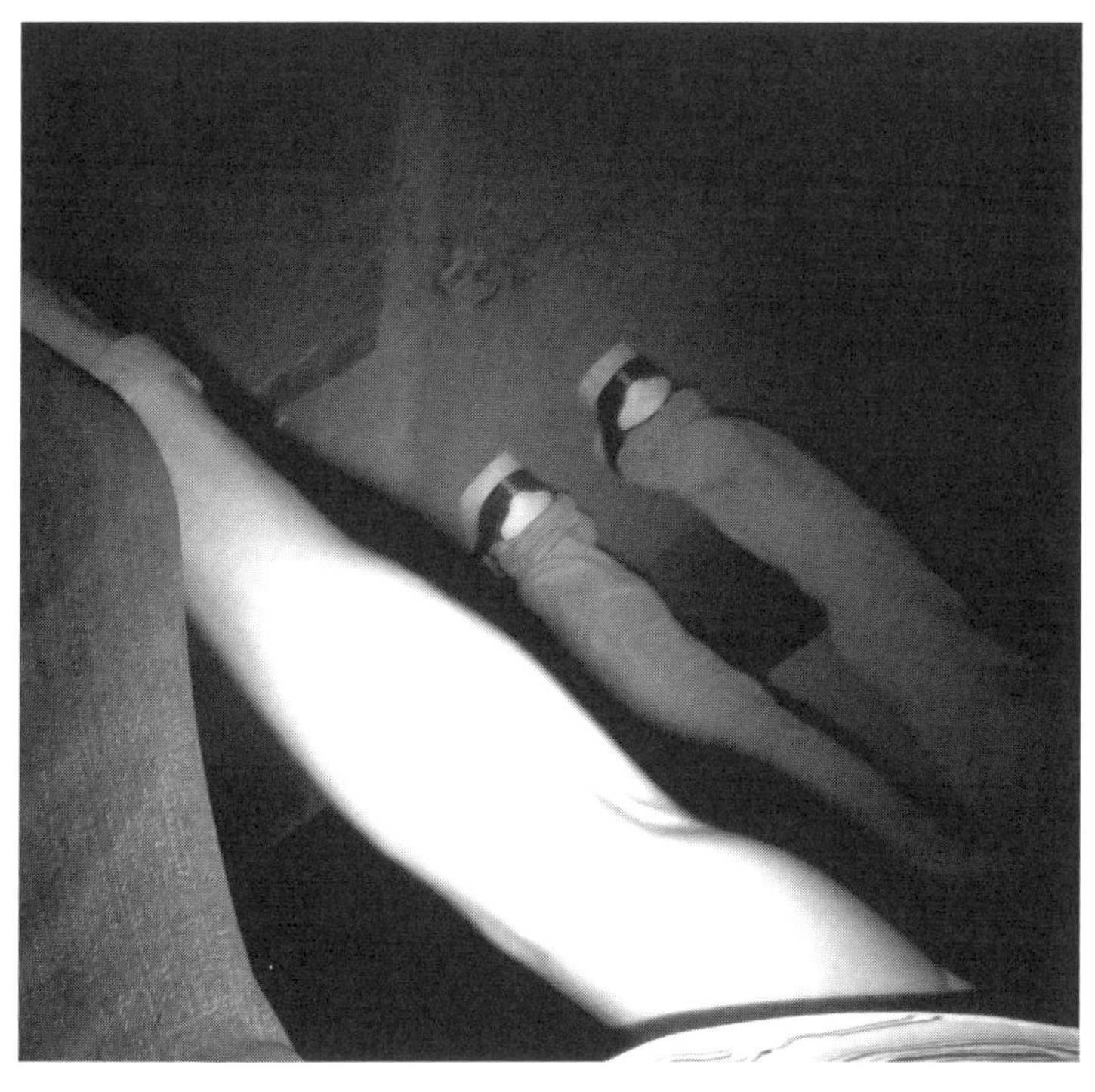

早口に伝える。映像を見せると二人とも、言葉を失った。

恐怖の限界ギリギリだった内田が突然、狼狽した様子で声を上げる。

「え？　まじまじ？　今、女の人の声がしなかった？　１回下りません？　下りてから確認しません？」

皆口に嘆願する。

女の人の声は、内田以外には聞こえていない。ただ、その慌てふためく様子から、嘘を言っているようには思えない。

普段ならこんなことでは諦めない皆口だが、さすがに離脱しようということになった。

そして足早に廃神社から遠ざかりながら、皆口があることに気がついた。

映像に写っている足が、内田の足に極めて似ているのだ。ズボンのシワの入り方、履いているスニーカーの形状、ともにそっくりだ。

もし一緒にいるときなら、ただ単に内田が後ろにいただけ、というつまらない映像だと思うだろう。

ただしそのときには、内田は皆口と一緒に、階段の下まで移動していた。俺が叫んでいる声を聞いて、動揺する内田の様子もカメラに写っている。どう考えても、時間軸にひどい矛盾がある。

考えてみれば今回は、内田が最初からずっとおかしかったのだ。

「神社の写真を撮ったらすべて白いもやがかかる」

「ひっきりなしに頭痛がする」

「女の人の声が聞こえる」

そして挙げ句の果てに、実証実験している俺のカメラに写り込んだ。

どうやら、カメラに写り込んだ〝内田〟は、外で待機する〝内田〟の方を向いていたようだった。

謎はいくつもあれど、全く答えを得られない。疑問と恐怖から逃げるように、俺たちは帰路を急いだ。


岳集落に続き、時空が歪んだような、不可思議な現象が起きた。

岳集落では、落合と長尾がすぐ近くにいたのに、急に落合が見当たらなくなった（落合から見れば長尾がいなくなった）。

これは、「落合が一旦別の次元に移動し、そして戻ってきた」と考えることができる。

今回は、内田が下にいたのにもかかわらず、本殿の中にも現れた、という矛盾した現象が起こった。似ているが、違うケースだ。

実証実験中に、内田（そのときは内田だと認識していないが）の後ろ姿を見た落合が叫ぶ声を聞いて、階段の下で「え？　何今の？　落合さんの叫び声？」と動揺する内田の姿が捉えられている。

その時点で内田は二人いることになる。

もちろん、「内田ではない、ただの見知らぬ人だった」という仮説も立てられぬわけではない。

たまたま廃神社に来ていた人がいて、落合が撮影をしているときも部屋の中にいて、そして写り込んだ……と考えれば不思議なことは何も起きていないことになる。

ただ、落合は一人になった後も、ウロウロと本殿の中を歩き回り、木札が折れているのを見つけたりしていた。それなのに発見できなかったというのもおかしい。そして、たまたま内田と酷似したズボン、靴を履いていたというのもなんとも変な感じだ。

ひょっとしたら、武尊神社は平行世界（パラレルワールド）と繋がりやすくなっているのではないだろうか。そのため、過去にも「老婆の写真」が撮れるなどの心霊現象が起きたのかもしれない。

内田はずっと「頭が痛い」「女性の声が聞こえる」と訴えていたが、これも平行世界と繋がってしまったのが理由かもしれない。時空がズレたことにより、車酔いや混信のような状態になってしまったのではないだろうか。

もう少し想像の幅を広げると、その場所が平行世界と繋がりやすい場所だったからこそ、神社が建てられたのかもしれない。時空がズレているならば、神代の時代や未来などと、繋がることもできるかもしれないからだ。

そう考えれば、このような人里離れた辺鄙な場所に、もともとは立派だった神社が建てられたというのも頷けるように思うのだ。

記憶を頼りに描いたMAP

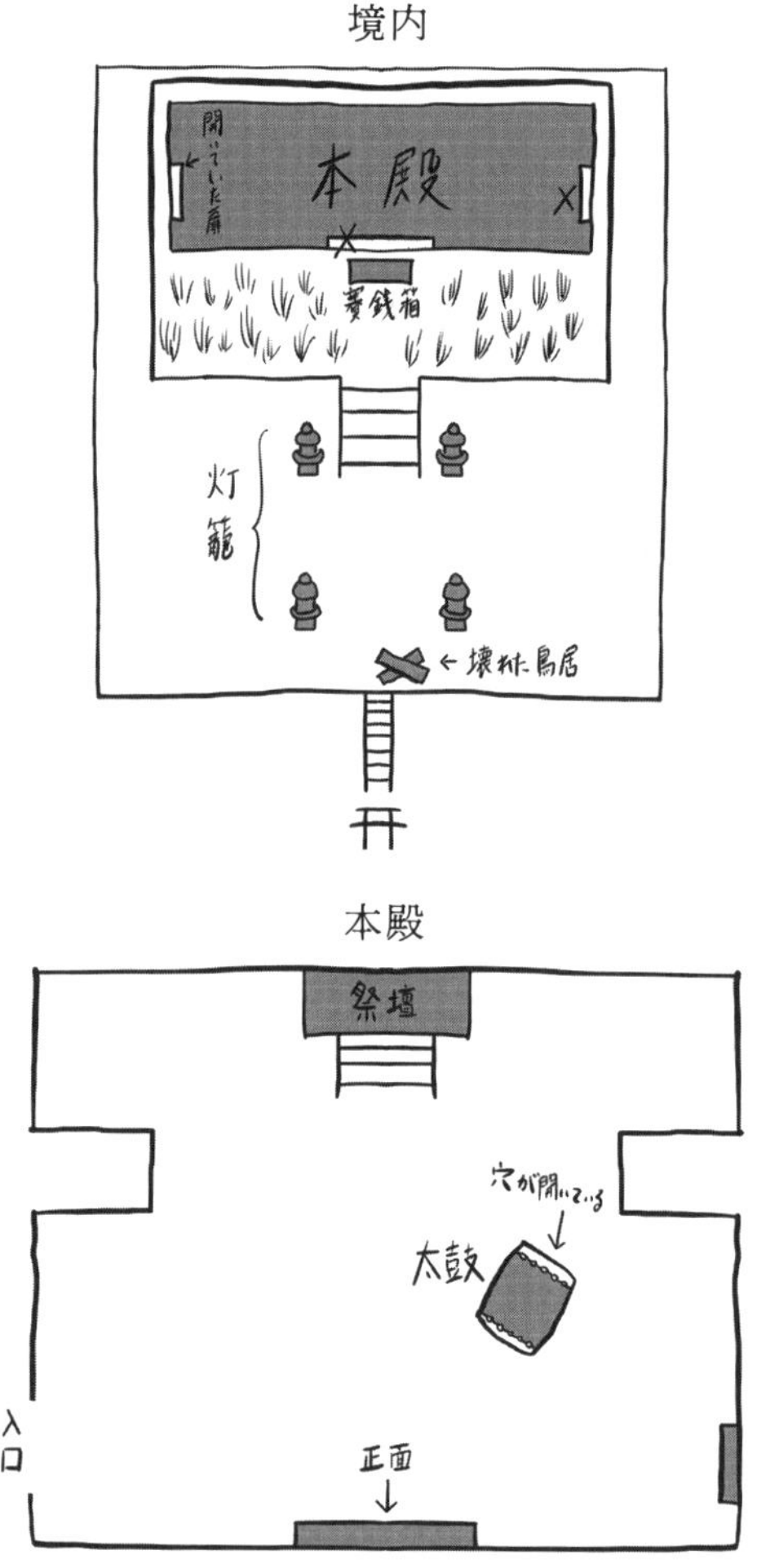

※実際のものとは違う可能性があります。

OFF SHOT

まさかあんな恐ろしいことになるとは
夢にも思わず油断していた二人……。
撮影前の調子に乗った1枚。

4 章

果たして人体実験は行われていたのか!?
隠された噂の真相に迫る!

ダイアナ研究所

[だ い あ な け ん き ゅ う じ ょ]

埼玉県深谷市にある廃墟。かつては結婚式場だった建物を造り替え、福祉大学・福祉研究所として使われていたとされる施設。

しかしその裏では、ひそかに人体実験が行われていたと噂されており、地元民は近づかないようにしているという、いわくつきのスポットである。

知名度	B（地元では有名な肝試しスポット）
恐怖度	A（雰囲気がヤバい。呪われそう）
ゾゾゾポイント	4.5

今回の目的地は、埼玉県の深谷市にあると皆口に聞かされた。俺、皆口、内田、長尾の四人で、東京から関越自動車道に乗り1時間半ほど走る。

深谷駅周辺はある程度栄えているが、3キロほど離れた今回の目的地は、いつも通りかなり田舎だ。周り一面田畑が広がっていた。田んぼに沿った細い道路を進んでいく。暑い季節だったので田畑は青く、やかましくセミが鳴いていた。

目的地周辺にさしかかると、急に鬱蒼とした森が現れた。どうやら森の中に心霊スポットがあるようだ。

スポットの入口に到着すると、内田が説明をはじめた。

「今回我々が行く場所は『ダイアナ研究所』と呼ばれる場所です。ここは当時結婚式場だったらしいんですけども、後から研究所に建て替えられた施設だと言われています」

こんな田舎に結婚式場が立っていたというのは違和感がある。田畑の真ん中にみんなで集まって結婚式をするものだろうか？　自然に囲まれたいい場所といえなくもないが……。

「噂では、ひそかに人体実験が行われていたのではないかと言われています。地元民は近くを通らないようにしているそうです」

人体実験とはまた穏やかではない。ナチス・ドイツや大日本帝国が行っていたような人体実験がここで行われていたというのだろうか？　もちろん現在でも製薬会社などが治験を行うことはあるが、わざわざ「人体実験が行われていた」と言うくらいだから、インフォームド・コンセントを無視した非倫理的な人体実験が行われていたということなのだろう。
……うーん、ちょっと嘘っぽいよなあ。

少し進んだところには、思ったよりも立派な門扉があった。門柱には「福祉大學」「社会福祉研究所」などと書かれていた。

「福祉大學？　こんなところに大学があったのかな？」

結婚式場以上に、大学があったというのは信じがたい。ただ、大学に付随する研究施設や寮があったとするならおかしくはないか。

門扉を抜けて敷地内に入る。

植物が生い茂っているがまだ道は残っていた。生け垣があったので、そちらにライトを当てると遠くで建造物が不気味に浮かび上がった。

ただ「結婚式場」「大学」にしては、意外とこぢんまりした施設で少々肩透かしを食らった。壁には地元の悪ガキがいたずらしたのであろう、落書きが描かれている。

建物の周りをグルリと回って、正面玄関を見つけた。ここもベニヤ板でキッチリと閉じられていたが、真ん中に大きな穴が開いていた。

穴からは階段が見える。

「これは入りたくないなぁ……」

霊などはあまり信じていないが、なんだか負のオーラがすごい気がする。

「看板には大學と書いてありましたよね？　ダイアナ研究所って学校だったのかな？　もうひとつの看板には『社会福祉研究所』って書いてあったけど、大学の研究所なのか？　今日はそこらへんを確かめに行きましょう！」

皆口が言った。

俺たちは穴をくぐって、施設の中に入る。建物内は、なんともいえない不気味なムードが漂っていた。


建物は2階建てのようだ。1階を俺と長尾が、2階を皆口と内田が探索することになった。


1階はどの部屋もかなり荒れていた。

入ってすぐのところに事務室と書かれた部屋があったが、伝票などの書類や本、名簿などが一面に散乱している。とにかく足の踏み場もないくらいだ。

その隣には、広めの部屋があり、ベッドやマットレスがいくつも転がっていた。ここには部屋のプレートがない。働いていた人が寝泊まりしていたのか、それともここを訪れた人が宿泊するためのベッドだろうか？

向かいには宿直室のような和室がある。

そして一番奥には他の部屋と比べてかなり広い部屋があった。キッチンテーブルや椅子が置いてあり、割れた食器の残骸が転がっているところから察するに、元は食堂だったのだろう。大学には似つかわしくない日本酒用のトックリも落ちていた。

外観の印象通り、館内はさほど広くはない。1階は全部で6部屋くらいだが、大学らしい部屋は一つもなかった。食堂も大学にしては狭すぎる。

「大学って感じでもないよね。人体実験してたって感じでもないし……」

俺がつぶやくと長尾が答える。

「1階は事務とか食堂とかで、2階が授業用の教室だったんですかね？」

俺たちは1階を回り終えた後、最初に調べた事務室に戻ってきた。机の上などを再び調査する。

「なんでこんなに書類が残されているんでしょうね？　普通は処分してから立ち去りますよね？」

片付けるヒマもなく夜逃げをしたのか？　それとも……消えてしまったのか。でも、そういう物件は俺たちが気づかないだけでたくさんあるのだろう。

恐る恐る書類をめくっていると、黄色いテープが目についた。「関係者以外立入禁止　STAFF ONLY」と書かれた、キープアウトテープだった。

言い知れぬ気味悪さを感じる。

大学の事務室に、関係者以外立入禁止のテープを貼るだろうか？

やっぱり、ここで何かあったのだろうか？

皆口＆内田

皆口と内田は2階に上がり、探索をはじめた。

2階は1階ほど細かくパーティションでわけられていなかった。畳で、だだっぴろい宴会場のような雰囲気だ。そこに無数の段ボールが放置されている。

段ボールの中を見ると、干支の置物の箱や、四字熟語のカレンダーなどが大量に入っていた。同じ物がたくさんあることからして、おそらく商品の在庫だろう。

「奥の方に何かあるかもしれない」

二人は段ボールの隙間を縫って、奥へ進んだ。しかしあるのはやはり在庫品ばかりだった。

さらに探していると、東京の江戸川区にある寺院の名前の書かれたファイルが大量に出てきた。表紙には「法名」と書かれている。

法名とは、浄土真宗における仏弟子としての名前だ。他の仏教宗派でいうところの、戒名のようなものだ。とにかく、ありがたいものであることは間違いない。こんな田舎の廃屋に、雑に転がしといていいものではない気がする。

「もともと新興宗教団体の施設だったってことはない？」

皆口が聞く。

「その団体が配っていたものがここに残されているとか？」

内田も同調する。

大学や研究施設だったと考えるよりは、腑に落ちる。

俺たちは一旦、１階で集合した。皆口が情報を整理する。

「入口に大学と書いてあったけど、大学っぽくはない。でも、人体実験があったと言われても全然ピンとこないじゃないですか。まだ何もわかってないですが、実証実験をすれば何か肌で感じることができるかもしれません。落合さん……」

皆口は俺の方を見た。

このところ、俺が実証実験をする確率がかなり高かった。俺もたまには休みたい、と強く抗議する。

「じゃあ、まーくんかな……」

皆口はあっさり引き下がり、内田に振った。

「ちょっとやめて、ほんとそういうの嫌だ！」

内田は動転しながら拒否した。

俺と長尾ばかりしょっちゅう実証実験をやらされるのは理不尽だ。絶対に折れない姿勢を見せると、渋々内田は一人でベッドの置いてあった部屋に歩いていった。

俺たちは玄関を出たところで待つことにした。

「超こええ……。うわあ、おっかねえよお」

内田はめちゃくちゃビビリながら廊下を進みはじめた。

しかしすぐに恐怖のリミットが満タンになったのか、わあわあ言いながら走って帰ってきた。実証実験をはじめてたった30秒くらいだ。いくらなんでも早すぎる。

「ベッドの部屋の前くらいまで行ったんだけど、俺一人になった途端、声したよぉ!!」

たとえ霊がいて、声がしたとしても、もうちょっと我慢してほしいところだ。

一旦、全員でベッドの部屋に戻ることにして、穴をくぐって中に入る。

皆口がなにげなく玄関のあたりを照明で照らしてみると、プラスチックのケースが落ちている。見てみると、ケースにはラベルが貼られていた。

「待って待って、これ『人体実験用』って書いてあるよ!!」

皆口が大きい声を出す。

たしかに手書きで「人体実験用」と書かれたラベルと、ナンバーらしきものが書かれたラベルが重なって貼られている。近くにプラスチックケースがもう一つ落ちていて、

そちらには「ダイアナ研究所」と書かれたラベルが貼られていた。

これは決定的な証拠のように見える。……だがしかしあまりにもできすぎである。冷静に考えれば、「ダイアナ研究所と呼ばれる施設で、人体実験が行われていた」という情報を知っていた第三者がいたずらで置いた可能性が高い。

皆口も見つけた直後はテンションが上がっていたが、徐々に訝しむような表情に変わっていった。


とりあえずそれは置いておいて、先ほど声が聞こえたという、ベッドの部屋まで移動する。

ベッドがある部屋はもちろん人が寝泊まりするための部屋だったはずだが、その対面にある和室にも布団があり、宿泊できる様子だ。


「これって、こっちの和室が監視している人の部屋で、ベッドの部屋が監禁されている方の部屋なんじゃない？　例えばカルト宗教団体とかで……」

皆口が推論を話す。長尾も同調する。

「ダイアナ研究所はかつてカルト宗教の施設だったのではないだろうか?」という結論に至ったようだ。

どうにも、推論で話が進みすぎているような気もするが、まあそれなら、それで構わない。

とっとと家に帰って、風呂に入って寝たい。

そのとき、ふと皆口が俺の方を見て言った。

「これは、やっぱり落合さんの実証実験が見たいですね」

なんだよ、結局俺がやるのかよ……。


内田の代打で実証実験をするというのも釈然としないと思いつつ、一人ベッドの部屋に残った。ベッドは二つあるのだが、奥のベッドの周りだけゴミが落ちている。

「ここ、空気重いなあ……絶対なんかあったって!」

俺は恐怖を紛らわすために大きい声で言った。

そして、しばらくすると、音が聞こえるような気がした。

「え?　ええ?　ちょっと待って?」

全身が汗でジットリと濡れていくのがわかる。

どうやら奥にあるベッドのあたりから聞こえる気がする。

まるで、女性の唸り声のような音が、たしかに聞こえてきた。

「ちょっと待って、え？　聞こえたよね？　まじ怖い、まじ怖い、まじ怖い!!」

我ながら、内田のことを全然笑えない混乱ぶりだ。恐怖心に耐えかねて、矢も盾もたまらず早足で玄関まで逃げ帰った。

みたび、全員でベッドの部屋へ戻る。

「なんか、たぶん、このベッドなんだよなぁ」

俺は、音が聞こえてきたベッドを指差すと、みんなの後ろに隠れるように立っていた。

内田と長尾はベッドの下をのぞいたり、奥を見たりしている。

皆口がベッドをどかしてみようと言い出し、内田と長尾が二人でズルズルとずらしてみた。そこには、紙片が落ちていた。

手を伸ばして、長尾が拾う。

紙片には黒いマジックで、

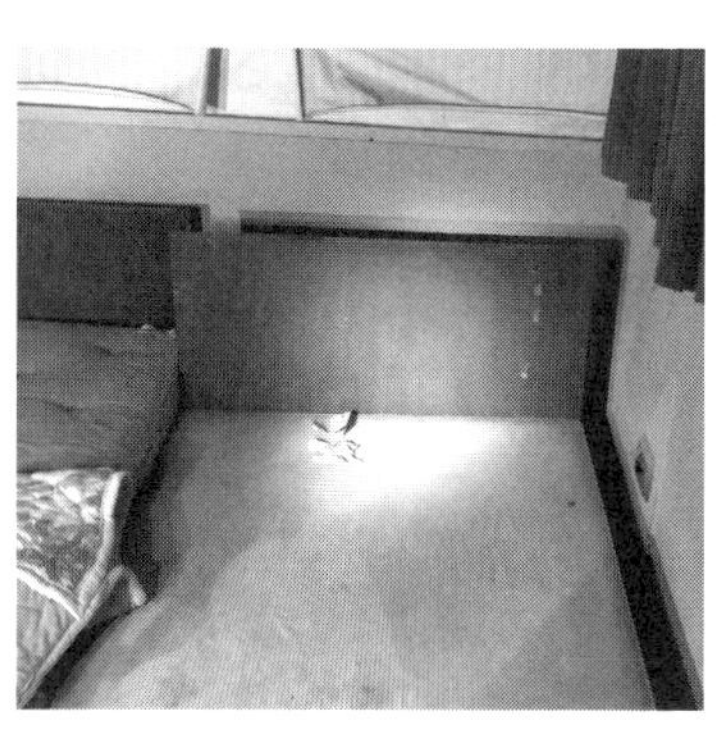

「でたい でたい　でたい」

と無数に書かれていた。

ザワザワと身の毛がよだつのを感じた。

もう1枚、紙片は落ちている。

「A-91 D-33 G-91 E-31 T-91 M-91 91-93 94 94……」

こちらにはアルファベットと数字の組み合わせがいくつも書かれていた。

「落合さんが聞いた声って、このメモを書いた女性じゃないんですか？」

皆口がつぶやく。

「やっぱり、大学とか福祉施設とかそういうのではなく、カルト宗教の施設だったのかもしれませんね」

長尾がこの場をまとめるように言った。

もちろん今回見つけた情報だけで、「ここが過去にカルト宗教団体の施設で、人体実験を行っていた場所だった」と言うのは、憶測すぎる。

しかし、それでも全体的にとても不可解で不気味な印象がある物件だった。

誰がなんのために作って、どう使われていたのか、わからないのだ。結婚式場でもない、病院でもない、大学でもない、一体なんだったのかがハッキリしない。

わからないというのは怖い。

そして女の声が聞こえた方向から、メモが出てきたというのが、なんとも後味が悪い。どうにも気のせいだとは思えない。

ベッドをずらしてわざわざ部屋の隅の奥の方に、いたずらでメモを置くだろうか。「人体実験用」のラベルは誰かのいたずらだったとしても「でたい　でたい　でたい」の紙片は本物だった可能性はある。

果たして過去に、ここで監禁された女性はいたのだろうか？

その女性の声を俺は聞いたのだろうか？

俺は、胸に大きいわだかまりを残したまま、東京へ帰ることになった。

記憶を頼りに描いたMAP

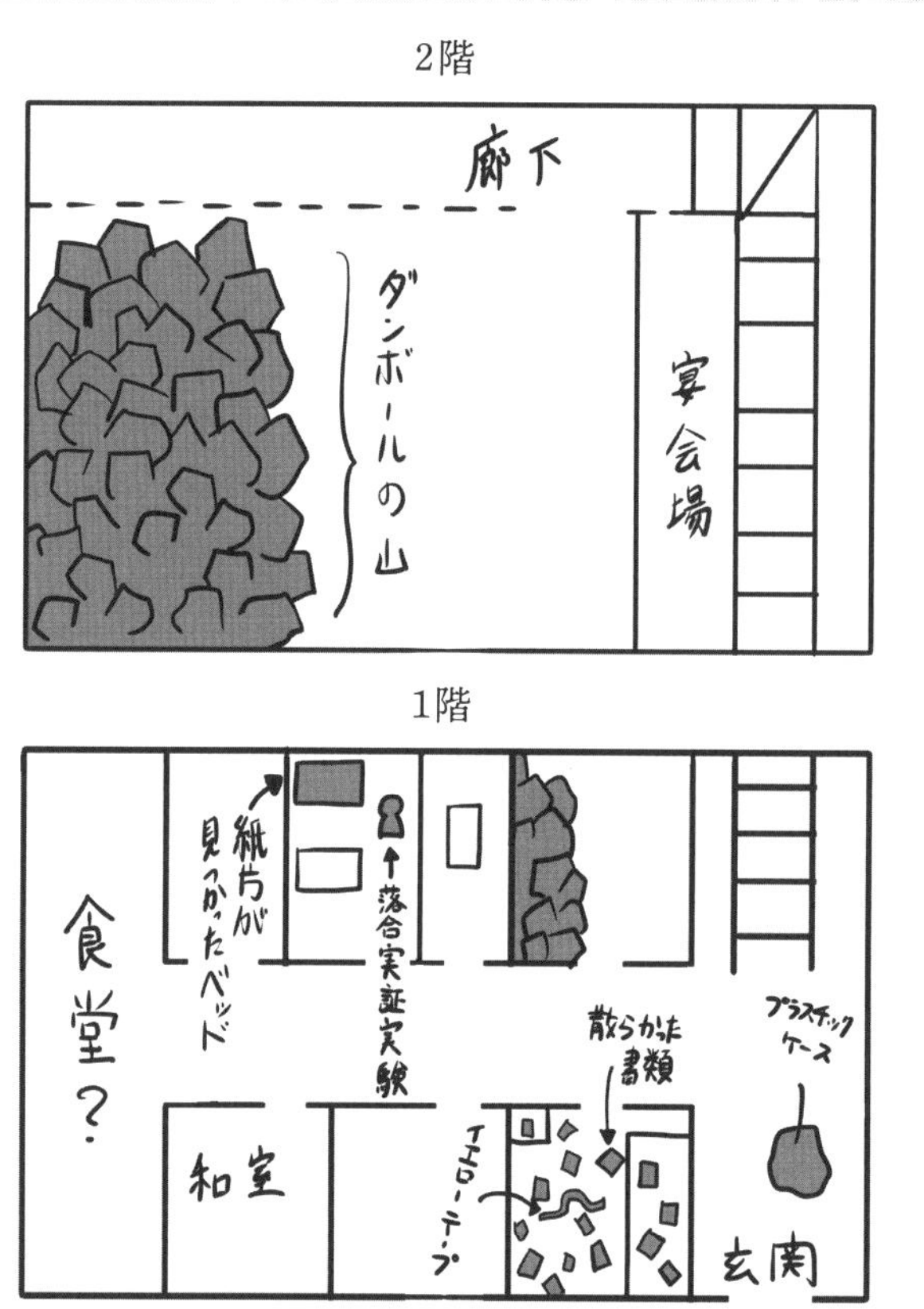

※実際のものとは違う可能性があります。

OFF SHOT

ヤバいものを見つけてしまった記念に撮った1枚。
この後、しょうちゃんはそっと紙を戻していました。

5 章

絶叫！　廃ストリップ劇場で肝試し！
恐怖の発見物で現場騒然！

明野劇場

［あけのげきじょう］

茨城県筑西市にある廃ストリップ劇場。正式名称は「明野第一劇場」。

かつてはストリップ劇場として昭和を彩ったが、平成６（１９９４）年に閉鎖。その後火災により全焼し、廃墟となった。

地元では通称「黒焦げのエロス」として有名な肝試しスポットとなっている。

知名度	C（まだ有名になっていない謎多きスポット）
恐怖度	A（雰囲気がヤバい。呪われそう）
ゾゾゾポイント	3.5

新たな心霊スポットへ向かう。結果的にいうと、今回の目的地も廃墟なのだが、やはり廃墟は田舎が多い。都心部にも廃墟ができることはあるのだが、すぐに取り壊されて新しい建物が建つ。

某人気アニメ映画に登場した廃ビルは、代々木駅近くの代々木会館がモデルだったが、渋谷区の超一等地に廃墟が立っているなんてとてもめずらしいことだ。そんな廃ビルも先日取り壊しになった。

都内近郊ではなかなかそういう物件は見つからないので、どうしてもロケ地は田舎になりがちだ。

茨城県に向かって車を走らせる。利根川を越え、その後は鬼怒川に沿うように北上していく。1時間半くらいのドライブで到着した。

そこは想像以上に田舎だった。

見渡す限りずっと田畑が広がっている。建物があるなと思ったら、畜産の牛舎だ。他には何もなさそうだ。

ちなみに今回は、内田は休みだ。本人はお祓いに行くと言っていたそうだ。詳しくは聞いていないが、廃神社のダメージからまだ立ち直っていないのかもしれない。

その代わりに、スタッフのたけるが初参戦した。まだ若いが、内田よりは頼りがいがありそうだ。

今回、皆口のメモを読むのはたけるだ。

「ここは『明野劇場』、正確には『明野第一劇場』と呼ばれたストリップ劇場の廃墟です。1990年代に全焼し、その後は放置されて廃墟になってしまったそうです」

ストリップ劇場？　こんな見渡す限り田畑しかない場所に、ストリップ劇場を作って誰が見にきたのだろう？

一般的に、ストリップがある場所といえば浅草や渋谷などの繁華街だろう。昔は、地方の温泉街にストリップ劇場があったと聞くが、今はほとんどなくなっている。

そしてここは、温泉街ですらない。地図を見ても、本当に周りには何もない場所だ。

「営業当時は警察の摘発があったり、あんまりよい噂がない劇場だったらしいです。今は心霊スポットマニアには『黒焦げのエロス』と呼ばれて有名な肝試しスポットになっているそうです」

建物に向かって細い路地を進んでいく。一応アスファルトは敷いてあるものの、全く手入れされておらず、草木がぼうぼうと生え荒れ果てている。

進んでいくと本当にストリップ劇場らしき建物が現れた。建物をライトで照らすと明野劇場の〝明〟の字が赤く残っているのが確認できる。

建物の周りにはブラウン管テレビ、冷蔵庫、マットレスなどの粗大ゴミが乱雑に大量に捨ててある。なんともカオスな雰囲気だ。

入口部分にはスプレーで落書きがしてあった。

「STRiPER IS DEAD LIKE yOUR DREAMS」

英語の落書きだ。外国人が来たのだろうか？　でもストリッパーの綴りが間違っている。正解は〝stripper〟だ。翻訳すると「ストリッパーはあなたの夢のように死んでいる」だろうか？　いまいち意味がわからない。

落書きの横には受付用の窓があった。30年以上前、お客さんたちはここでお金を払った後に劇場の中に入ったのだろう。

廃墟の前に立つとジワジワと緊張してきた。ただ以前に行った廃神社や活魚に比べると、やや和やかな雰囲気だ。

ストリップ劇場というのが、なんだかファニーで油断させるのかもしれない。

ただ、長尾だけは表情をこわばらせている。

「ストリップ劇場は人間の欲が集まる場所だから、普通の民家よりは念とかが集まりますよね……」

PER
AD
OUR

皆口が今回の趣旨を説明する。

まずは、皆口と長尾のペアがストリップ劇場の中に入り〝アヒルちゃん人形〟を隠してくる。そしてその後、俺とたけるが中に入り〝アヒルちゃん人形〟を探す、というゲーム仕立ての肝試しだ。

「絶対見つからないところに隠します」

長尾は表情を変えずに言うと中に入っていった。俺とたけるは、彼らが出てくるまでぼうっと外で待った。

皆口&長尾

皆口と長尾が館内に入ると、劇場の真ん中に円形の台が置かれていた。台の上でストリッパーが踊り、台の周りにお客さんが座って見ていたのだろう。

台の周りは焼け焦げていた。壁には黒い煤が残っている。天井の一部は熱のせいか、経年劣化のせいか、パズルのようにヒビが入っている。

「全焼し、廃墟になった」という情報は頭に入っていたものの、実際に現場を目の当たりにすると迫力がある。

台の周りはボロボロになった赤いソファや観客席などが散乱している。ただ火事の後、20年放置されていたわりには、わりと保存されているような気もする。

「鉄骨で造られている場所は、崩れずに残ってますけど……奥の方は木造なのか、崩れてるみたいですね」

長尾が話しながら進む。たしかに、奥の方はここより崩壊が進んでいるようだ。


話している間、ずっとパチッパチッパチッと音が聞こえる。不規則なのだが、こちらの会話に答えているような夕イミングにも思えて気持ちが悪い。

2階へ進もうとしたとき、床に伝票やかわいいイラストが書かれたチラシなどが落ちているのを発見した。なんだろうとカメラで寄ると、モニターにガガガガッとノイズが走る。

「わっ」

その伝票に近づくたびに、画面にノイズが走る。そんなに撮られては困る伝票なのだろうか？

恐る恐る2階へ上る。入口と同様の英語の落書きがたくさん書かれていて、床には物が散乱し、荒れ果てている。

「めちゃくちゃ怖いですね……」

皆口が口にする。

進んでいくと、ディレクタールームのような部屋があった。

会場に向けて小窓が開いていて、窓の前には、大きめの椅子が残されている。今は階下には瓦礫の山しか広がっていないのだが、ここに座って照明や音声を操作したり、指示したのだろう。埃まみれになったミキサーなども残されていた。ふと、上を見ると天井から何かが垂れさがっていた。

「あれ何？　天井からぶらさがってるじゃん。赤い……紐？　糸？」

異様な光景で、背中にゾッと寒気がする。

部屋を探索すると、椅子の上にも赤い糸がひと塊になって置かれていた。

赤い糸は天井から落ちてきたのかと思い、天井裏を確認する。しかし、多少配線が残っている程度で特に何もない。見た感じ、糸はあまり古いものではないようだ。

二人が赤い糸を見ているとまたパチパチと音がした。

この部屋はかなり不気味な雰囲気だったので、ここにアヒルちゃんを隠すことにする。椅子の横にあった配電盤の中にそっと置いて、外へ出ることにした。

皆口と長尾は全然戻ってこなかった。初対面のスタッフたけると、外でやや気まずい時間を過ごす。30分が過ぎてやっと二人が戻ってきた。

次は俺たちがアヒルちゃんを探すターンだが、ただ漠然と探すとかなり時間がかかりそうだ。皆口に問いかける。

「これって、見つけるまで……的なやつ？」

「見つけるまで、帰ってきてほしくないです！」

「せめて何かヒントをくれよ」

「赤い糸が……」

皆口がくれたヒントはなんのことだかわからなかったが、とりあえず1階から攻めていくことにした。

入ってすぐの場所に丸い台があり、その左側はトイレだ。小便器がズラッと並んでいるが、こちらもかなりボロボロだった。床には大量のゴミが落ちており、壁のペンキは経年劣化で剥がれ落ちている。自動販売機が横倒しになっていてそこから先には進めない通路もあった。

台の右側には扉がある。恐る恐るドアをくぐると、あっさりと外に出られた。真っ暗闇の森の手前には、3〜4軒の朽ちた小さい家があった。中をのぞくとボロボロの六畳一間で、風呂とベッドがあるだけの質素な部屋だ。

ずいぶんな田舎だから、従業員やストリッパーがここに住んでいたのかもしれない。または、ストリッパーの女の子と別料金で違法な本番行為を楽しむための部屋だったのかもしれない。昔のストリップ劇場はずいぶん規制が甘かったと聞く。当時のモラルを考えると、その可能性も十分考えられる。

などと心霊スポットなのにやや悶々と妄想をした後、赤い糸も見当たらないので1階の丸い台の周辺に戻ることにした。

1階をウロウロしながら赤い糸を探す。すると、ボロボロのソファの上に赤い糸が落ちているのを見つけた。ならばこの近くにアヒルちゃんを置いたのだろうと思い探したのだが、見つからない。

そのとき、たけるが丸い台の左側を指差し、聞いてきた。

「何か音聞こえません？　パチパチって」

入ったときから、ちょくちょく聞こえているらしい。後からわかったのだが、皆口や長尾も同じ方向から音が聞こえてきたそうだ。

ただ、俺には全く聞こえていない。

「虫じゃないの？　むしろ、虫だと思いたい!!」

そう言ってごまかした。

とにかく神秘現象は無視して探すが、いっこうに見つかる様子がないので、電話をしようと携帯を取り出した。

「一応、2階も探してからの方がいいんじゃないですか？」

「いいよいいよ。大丈夫だよ」

たけるを適当にあしらって、電話をかける。

「赤い糸を見つけたんだけど、アヒルちゃんがないんだけど？」

「ちょっと隠す感じにすぐそばに置いてあるんですよ」

「だから要は下とかさ、後ろとかでしょ？」

「目線の高さくらいにありますよ」

皆口と長尾のアドバイスに従って探すのだが、やっぱり見つからない。そもそも目線の高さには何もない。どうやら違う場所を探しているようだ。

「とりあえず、一旦集合しましょう」

皆口が提案したので、1階で全員集まった。

当たり前のことだが、皆口と長尾は2階で赤い糸を発見するまで、赤い糸は意識していなかった。俺たちは最初から赤い糸を探している。赤い糸に注目して探索すると、そこら中にあることに気づくのだ。

例えば、皆口が撮影したときにカメラに異変があった伝票の落ちていた場所の近くのベンチにも、赤い糸がくくってある。

とりあえず、みんなで赤い糸が大量にあった2階のディレクタールームに行き、アヒルちゃんを回収する。

「アヒルちゃんを見つけました‼」

……というヤラセ？　映像を撮った。

ディレクタールームの隣に10畳ほどの、ゴミが散乱している部屋があった。

「なんだよ、汚いなあ」

落ちているゴミを拾うと、ゴミの下から赤い糸がピョコンと顔を出した。

わっ、と思わず仰け反ってしまう。

赤い糸はそこ以外にも、いろいろなところに落ちていた。こんなに赤い糸があるのは、やっぱりおかしい。

「カルト教団か何かが、変な儀式でもするのに使ったんじゃないですかね？　めちゃくちゃ不気味……」

長尾が言う。

なんだか、スッキリしなかったがとりあえず終わろうということになった。番組のエンディングは、いつも俺が心霊スポットのゾゾゾポイントをつけて終わる。

スタート地点に戻って撮影を開始、ゾゾゾポイントは5点満点で3．5点をつけた。怖いは怖かったのだが、肝試しをするのにちょうどいいくらいの怖さだったからだ。

そんなビデオを撮影している途中に、俺はとある発見をしてしまった。

俺と長尾は、入口の前でしゃべっているのだが、倒れているドアの上に乗って話している状態になっていた。そしてドアの下からちょろっと、赤い糸がはみ出ていることに気がついたのだ。

ただ、撮影中はとりあえずそれには触れず、番組を終わらせることに集中した。

「ありがとうございました‼」

長尾と二人でカメラに向かって手を振ったところで、皆口は撮影を止めた。

「ところで、ここにも赤い糸があるよ」

長尾に言いながら、ドアの下からちょろっと出ている赤い糸を引っ張ると、ズズズッと出てきた。

「おおお……!!」

驚いていると、その様子に気がついた皆口が慌ててカメラを回し直してこちらを撮る。

「一度しかできないんだから、カメラ回っているときにやってくださいよ」

やや、怒っている。

俺がさらに糸を引っ張ると、ズズズズズッと出てきた。

「長い長い長い!!」

全員に動揺が走る。

さらに引っ張ると、何かに引っかかったように止まった。しかし、感触ではまだドアの下にありそうな雰囲気だ。 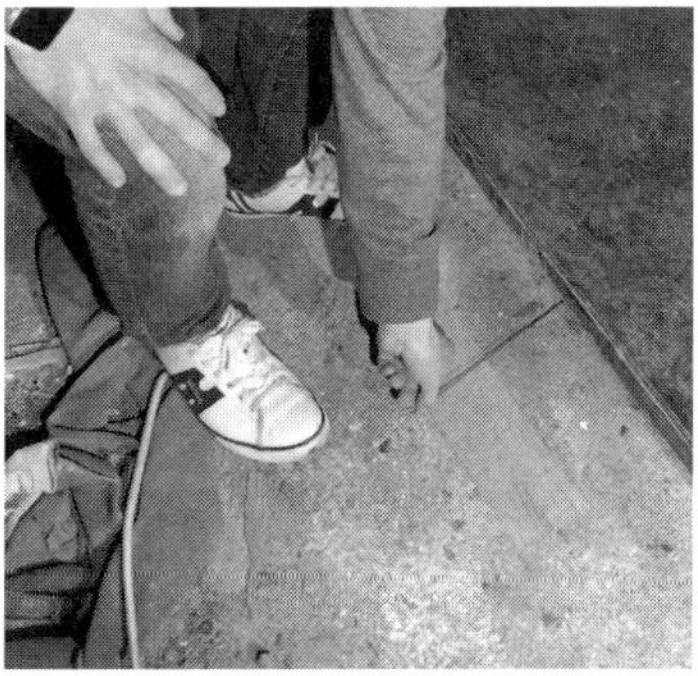

こうなったらドアを持ち上げてみるしかないだろう、ということになる。

長尾とたけるが恐る恐るドアを持ち上げると、そこには……

夥しい量の赤い糸が、むちゃくちゃに絡まり合っていた。

「うううううっわあああああ!!!!」

皆口が叫ぶ。

「めっちゃあるやん……」

「気持ち……わりぃ……」

俺と長尾も、予想外の量の赤い糸を見て凍りつく。

「心臓が止まるかと思った!!」

普段は冷静な皆口も、さすがに焦っている。

「もうやめようよ～!!」

長尾が大声で言う。

一気に俺の中でゾゾポイントは3．5から5に跳ね上がった。


皆口はさらに厄介なことを言い出した。

「さっきしょうちゃんが言ってたんだけど……赤い糸に気づかなかったんじゃなくて、増えたんじゃね？　って。ひょっとして……俺たちが探索をはじめてから増えていってる？」

マジな顔で語る。

意識すれば意識するほど赤い糸は増えていく。まるで生物のように……。いや、さすがにそんなことがあるはずない。

俺たちは、次々と増殖していく赤い糸から逃げるように、その場を離れた。

赤い糸といえば「運命の赤い糸」伝説が思い浮かぶ。将来、結婚する人とは見えない赤い糸で結ばれているという話だ。見えないのに〝赤い〟糸とはどういうことだ？　という気もするが、なんともロマンチックだ。

この伝説、実は国産の伝説ではないかと言われている。

日本武尊も登場する、古事記に登場するエピソードだ。簡単に紹介する。

「毎晩、美しい女性である活玉依毘売（イクタマヨリヒメ）のもとに通う素敵な男性がいた。活玉依毘売は妊娠したが、相手がどこの誰かわからない。そこで寝床に赤土を巻き、糸を男性の着物の裾に刺しておいた。その糸をたどっていくと、三輪山の神社にたどり着いたため、その男性が大物主神（オオモノヌシノカミ）だとわかった。」

たしかに男性と女性が赤い糸で繋がっている話ではあるが、現在の赤い糸伝説より古事記の話の方がより生々しい感じがする。

その他にも運命の赤い糸が登場する伝説はある。中国に月下老人という白髪白髭の神様がいる。彼は人間の婚姻を管理している。結婚する運命にある男女の足首と足首を赤い糸で結びつける。足首と足首、小指と小指なのは違うが、とてもよく似ている伝説だ。

赤い糸を特別視する逸話は多い。やはり圧倒的に恋愛に絡んだものだ。ただ、しつこく探していくと、赤い糸を使って霊を降ろしたり、願いや呪いをかけたりするものもある。

例えば、女性が白い布に赤い糸をひと針ずつ縫って戦場へ行く男性に渡す千人針は、願いは〝戦場での幸運〟であり、恋愛ではない。ただやはり女性が男性に送るという部分に、多少は恋愛的な要素は含まれるのかもしれない。

ネット上に、「茨城県には赤い糸を使った降霊術がある」という書き込みを見つけることはできた。ただ残念ながら、それが具体的にどのようなものなのかまではわからなかった。

ストリップ劇場という恋、愛、性がぐちゃぐちゃに絡み合った場所に、グチャグチャになった赤い糸が大量に落ちているというのは象徴的な感じがしておかしくもあり、そして怖くもある。

数年後に明野劇場を訪れたとき、床一面が赤い糸で覆われていたとしたら……発狂してしまうほど恐ろしい。

記憶を頼りに描いたMAP

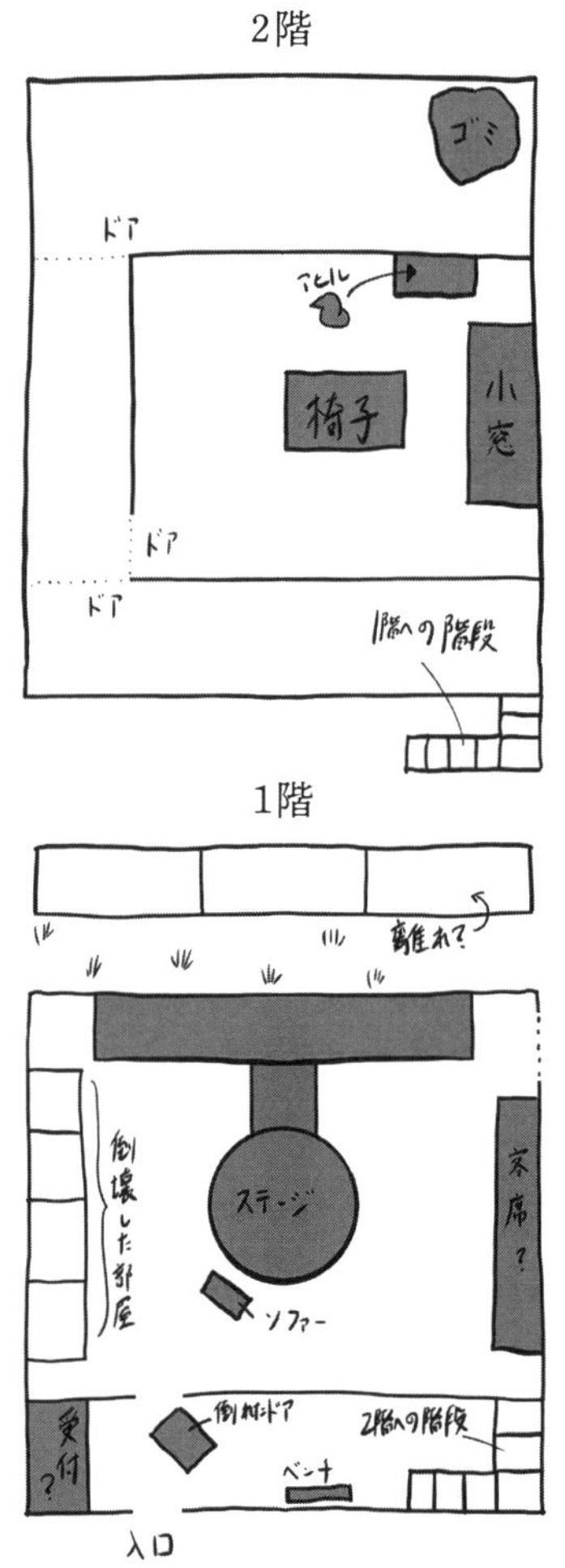

※実際のものとは違う可能性があります。

OFF SHOT

突入前に撮った1枚。
重々しい空気に顔が歪むが、
たけるはなぜか笑顔。

6 章

浮遊霊の巣窟と化した廃ホテル！
果たして心霊写真は撮れるのか!?

ホテル藤原郷

[ほ て る ふ じ わ ら ご う]

群馬県利根郡の廃ホテル。浮遊霊が集まる場所としてテレビでも取り上げられた有名な心霊スポット。

一説では人が集まる場所が廃墟になると霊が溜まりやすいとされ、ホテル藤原郷は浮遊霊の巣窟と化しているとか。

多くの残留物が放置されたままとなっており、ホテル内は迷路のように広く入り組んでいると言われている。

知名度	B（地元では有名な肝試しスポット）
恐怖度	B（雰囲気がある。それなりに怖い）
ゾゾゾポイント	5

今回も俺の運転で、心霊スポットを目指す。

目的地は群馬県の北部だ。アクセルを踏みどんどんと北上していく。

メンバーは、皆口、長尾、たけるの四人だ。内田は今回もお祓いのためにお休みだった。

武尊神社が本当にこたえたらしい。いつか復帰できることを願うばかりだ。

ちなみに武尊神社は、おそらく武尊山の周辺の武尊神社と関係があるのではないかという話をしたが、武尊山と武尊神社は40キロほど離れている。

今、向かっている場所の方が、むしろ武尊山にほど近い場所にある。


利根川を北上して赤城山を越える。そして武尊山の北西、藤原ダム湖の北にある小さな村に着いた。田んぼが広がるのどかな村だ。進んでいくと、田舎町には似つかわしくない巨大なビルが見えてきた。

2階建てと高さはないが、横にはずいぶん広い。

たけるが説明をはじめた。

「ここは『ホテル藤原郷』という温泉旅館の廃墟です。1959年に藤原ダムの竣工に合わせて創業しましたが、2007年頃、廃業に追い込まれたそうです」

13年前とは、結構最近だ。

以前は水上温泉郷の一つ、藤原湖温泉として賑わっていたという。売りは、日本武尊が見つけたという伝説がある「武尊の霊泉」だった。ここでも再び、日本武尊が出てきたが、しかしこれが全くの嘘だった。

２００４年に発覚した温泉偽装問題を覚えている人も多いだろう。白骨温泉、伊香保温泉などの一部の温泉宿の嘘が暴かれた。そしてその中に、藤原湖温泉もあった。ホテル藤原郷は創業から50年近くにわたり、全く温泉水を使用していなかったのだ。

当たり前だが、発覚後は訪れる人は激減した。そして3年後、営業停止に追い込まれてしまったという。

「藤原郷は、浮遊霊の巣窟と呼ばれています。人が集まっていた場所が廃墟になると、霊が溜まりやすくなると言われています」

今回は皆口に頼まれて、俺は自前のデジタルカメラを2台持ってきていた。浮遊霊が集まっているなら、パシャパシャとたくさん写真を撮れば心霊写真の1枚や2枚は撮れるんじゃないだろうかという腹づもりらしい。

「……たぶん心霊写真、撮れるんじゃないですかね？」

長尾が謎の自信を見せた。

とにかく、四人で藤原郷の正面玄関に向かっていく。皆口が首をかしげている。

「前情報だと、3階建てって聞いてたんですけど、2階しかないなあ」

正面入口から建物内に侵入した。入ってすぐに、四人とも絶句してしまった。

フロントに、ものすごい量の荷物が山積されていたのだ。大きい人形が2体、どさっと無造作に放置されているのが、生々しくて気持ちが悪い。

コピー機などの、リースが終わった後に返却の義務があるような機械も全部置き去りになっていた。何もかもそのまんま残していった感じなのだ。

「こんなに荷物残していくもの？」

皆口が疑問を口に出す。「夜逃げ」という言葉が頭に浮かんだ。

藤原郷は、外から見ても大きく感じたが、中に入るとさらに広かった。

フロントの奥には食堂が広がっていた。端の方は光が届かない。数十人が座れそうだ。何か塊が落ちていたので見てみると、鳥の死体だった。

「うわっ!!」

思わず叫んでしまう。

よく見ると、床には動物の糞や、草で作った巣のようなものがあった。

「これ絶対野生動物が入ってきてるよ。熊とかいないだろうな？」

首をすくめる。

「今日はもうここで撤退でいいんじゃないかな？　お腹痛いんだよね……」

俺は皆口に打診してみたが、笑い飛ばされた。

床に「水上町遺族会　水上町英霊にこたえる会」と書かれたのし袋が落ちていた。そして

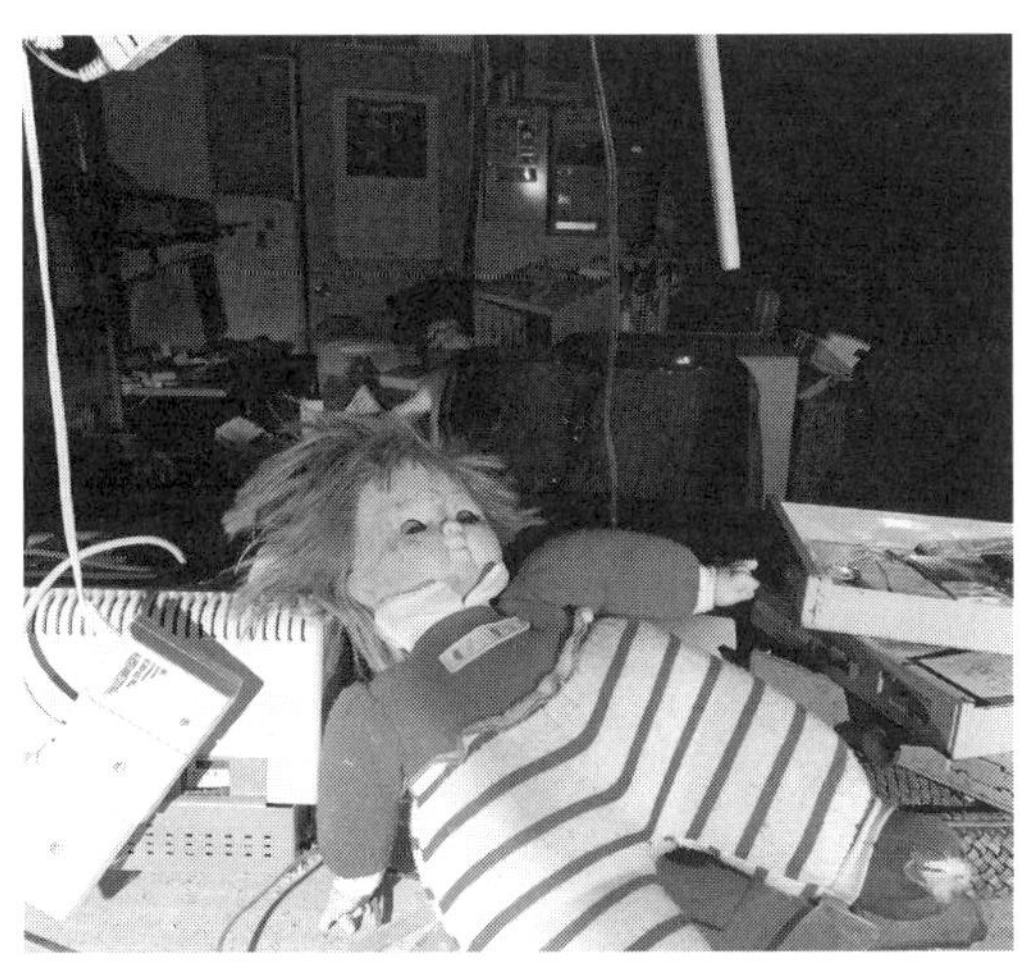

壁には「湖底に沈んだ村々」と題された写真が貼られている。「昭和30年完成　藤原ダム建設省　水没家屋　１６０戸　７部落」と手書きの文字が見える。

ホテルの南にある、藤原ダムが建設された際、湖底に沈むことになった家々のことだろう。もう60年以上前の話だし、それで誰かが亡くなったわけではないのだろうが、それでもなんだか重い気持ちになった。

ふと額縁をめくってみると、そこにミッシリと小さい虫がいた。よく見ると額縁の中にも虫が無数に入っていた。

「うわー!!」

霊は怖いが、それよりも動物や虫は現実的にすごく怖い。

全員で、廊下を進んでいくと、階段を発見した。上階と下階の二手にわかれている。

「ああ、ここは2階だったんですね。正面玄関が2階で、1階と3階がある。情報通り3階建ての建物だったんだ」

皆口が言う。

階段で二手にわかれ、俺と皆口は下の1階部分を、長尾とたけるは上の3階部分を探索することにした。

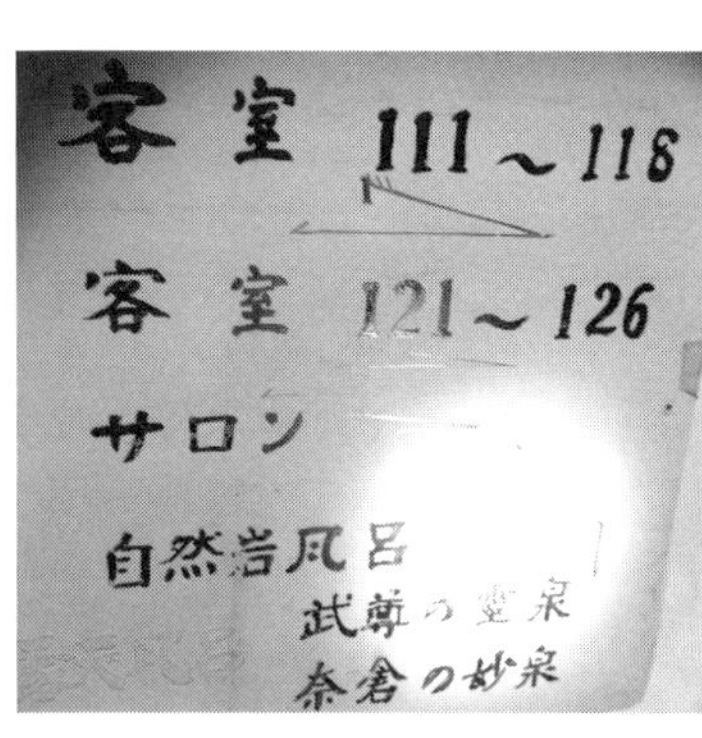

俺は皆口と階段を下りて1階の廊下を歩いた。廊下は長くそして入り組んでいる。はじめて来た人は、間違いなく迷うだろう。一体いくつ部屋があるのか見当もつかない。

100号室を発見し、皆口が言う。

「写真、撮っておきますか？」

「俺の？」

「いや、部屋の写真を、ですよ」

「ああ、そっか……」

長い廊下に突き当たる。

「せっかくだから落合さんの写真も撮りますか？」

なんだか写真を撮られたかったみたいで恥ずかしいが、結局、命のポーズで写真を撮った。廃墟に霊がいるのなら、イラッとはしただろう。

いくつか部屋を見るが、代わり映えしない。

なにげなく116号室を見てみる。他の部屋より少し立派な造りに見えた。この部屋には、他の部屋にはない浴衣も設置してあった。

部屋を見ていると、天井からトトトト……と音が聞こえてきた。

「足音？　今天井から、歩く音しなかった？」

皆口に聞くと、聞こえなかったという。他のメンバー（特に内田）が物音を聞いて怯えるが、俺だけには聞こえない、というのがいつものお決まりのパターンだ。俺だけ聞こえるというのは、どうも気持ちが悪い。

とりあえず、鏡越しに写真を撮る。

そのとき、また足音が聞こえた。ただ、霊の音というよりは、現実の足音だと思えるほどハッキリとした音だ。

長尾とたけるが3階を見終わって2階を探索しているのかもしれないと思い、長尾に電話をかけてみた。

長尾&たける

長尾とたけるは3階の廊下を進んだ。

部屋のドアを開けてみると、クーラーが外れて床に落ちていたり、木の葉が舞い込んでいたりして多少荒れていたが、廃墟にしてはきれいな状態なので、少しホッとする。

しかし、ものすごい量の布団がギュウギュウに詰められた部屋もあり、何十畳もある広い宴会場にはカラオケの機械などが全部置き去りにされている。

今となってはただの粗大ゴミでしかないが、当時きちんと処理すればいくばくかのお金にはなったのではないだろうか？

「すぐ出ざるを得なかった感じなんですかね……」

いつも冷静な長尾が、なんだか今日は少し感傷的になっている。

3階は大広間があるため、探索は早く終わった。3階から2階への階段を下りている途中で、長尾の電話が鳴った。

電話をしたとき、長尾たちはまだ2階へ下りておらず、天井から聞こえてきた音の発信源は長尾ではなかった可能性が高いようだ。

長尾たちは下りてきていたので、そのまま一旦合流することにした。

これで、ざっと1～3階を見たことになるが、1階からさらに下りる階段があるのを発見した。おそらく地下へ続く階段だ。

全員で地下へ下りていく。

照明を当てると、獣の姿が見え、長尾が声を上げた。

「おおー!!」

よく見ると、動物の剥製だった。腐って顔の部分がゾンビのようになっている。

奥にお風呂場がある。なぜかお風呂場は大量のゴミで覆い尽くされていた。とにかくグチャグチャに荒れている。

「上の階は全部ゴミでもなんでも置きっぱなしなのに、なんでお風呂場にこんなにゴミが積まれてるんだろう？　放っておくなら、別にわざわざお風呂に持ってこなくてもいいじゃない？　誰が運んだの？」

長尾が疑問を口にする。理由はわからないが、ひょっとしたら施設以外の人がゴミを捨てにきたのかもしれない。廃墟は、ゴミの不法投棄の現場にもなりやすい。

まだ奥まで行っていない2階に戻って探索を続ける。「管理人室」と書かれた部屋を見つけた。ドアを開けると、ここにも大量の物が残っていた。

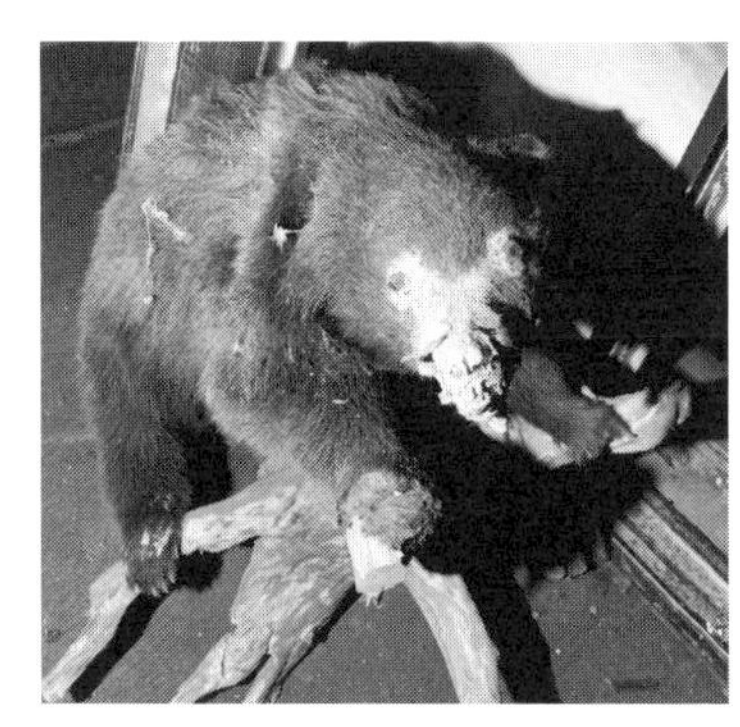

今までの部屋は、あくまでホテルの備品がゴミとして残されていたのだが、この部屋は違う。ここで生活していた臭いがする。おそらくは管理人一家がここで暮らしていたのではないだろうか？

タンスに入った洋服、家族の思い出の写真アルバム、日本人形、座布団、水筒などなど、すべてが残されていた。私財がそのまま残っている。皆口が小声で話す。

「完全に人の家。ここに住んでいた人は、この荷物を置いてどこへ出ていったんだろう？　出ていったというか……消えた？」

俺たちは意気消沈して部屋を出た。

長尾はうつむき、首を押さえながら絞り出すように言った。

「なんか普通にじいちゃんばあちゃんちみたいなんですよ。ここだけ異質で。なんか……悲しい。なんか悲しいって感情に近しいですね……」

皆口が「大丈夫？」と聞く。

「んー……。うん……」

長尾は言葉を濁した。どう見たって、大丈夫ではなさそうだ。

俺は長尾が、これほどまでにズーンと落ち込んでいるのははじめて見た。カメラが回っていないときは、よりテンションが低い。

「気分が悪い……」

真っ青な顔でつぶやく。

「ちょっと気になっていた部屋があるので行ってみましょう」

皆口はそう言って、進んでいく。

階段で二手にわかれる前に見つけた少し異質な部屋だった。部屋に入ろうとすると、

「バンッ!!!!」

と大きな音でどこかのドアが閉まった。

まるで、俺たちの行動に抗議をするようなタイミングだ。


恐る恐る室内に入ると、先ほどの管理人室以上に異質な部屋だった。見るからに豪華であり、VIPルーム的な部屋だったのかもしれない。

壁には歴代の内閣総理大臣の色紙が飾ってあった。中曽根康弘、小渕恵三、そして、安倍晋三の「不動心」と書かれた色紙もある。

第1次安倍内閣が成立したのは、2006年9月26日だ。そしてこのホテルが閉鎖したのが2007年だから、色

紙が飾られて1年ほどで閉鎖したことになる。「不動心」とは皮肉な感じすらしてしまう。

その他に「昭和天皇ご生誕１００年祭」の様子の写真や、昭和天皇の御真影が飾られていたりもした。

そして、入口のところに落ちていたのし袋にあった「水上町英霊にこたえる会」の額縁や、「藤原ダム水没者芳名 昭和三十年現在」とおそらくダム建設により家が沈んでしまった人たちの名前が掲示されている。

あからさまにこの部屋だけは雰囲気が違った。皆口が口を開いた。

「このホテルは浮遊霊の巣窟と呼ばれていますが……。浮遊霊というのは、人が集まっていた場所に、集まりやすいと言われています。実際には人が集まっていたのは宴会場なんでしょうけど……なんかココだって気がするんですよね。壁には人の名前がたくさんあって、この負のオーラすごくないですか？」

たしかに、ここはかなりヤバい。霊を信じていなくたって何かを感じるレベルだ。

「ここで実証実験をしたいと思います。落合さん」

「嫌だよ‼」

俺は反射的に答えた。本当に心から嫌だったが、有無を言わせずカメラを渡された。そして30分部屋にいてください、と言われる。

渋々部屋に入り、自撮りしながらジリジリと30分が過ぎるのを待つ。

外が真っ暗闇なので、窓ガラスに自分の姿が映っている。それがとても怖い。

皆口&長尾

落合が1秒1秒をヒリヒリとした気持ちで過ごしているときに、皆口は長尾と外でしゃべっていた。

「浮遊霊の巣窟、という割にはびっくりするくらい静かなんだよね」

皆口が言うと、長尾が答えた。

「一瞬想像したのが……静かに見られてるって感じなのかなと。たしかに静かなんだけど、すげえ大勢の霊からひっそりと見られている……そんな感じがします」

まんじりともしないまま20分が過ぎた頃、廊下からトトトトトと人が歩いている音が聞こえた。

ごく自然に、人が歩いている音だった。

あまりに自然なので、皆口がドッキリを仕掛けてきたんじゃないかと思った。

そして足音の正体を確認するために廊下に出ると、人影がある部屋に入っていくのが見える。そしてドアが、ガチャッと小さな音を立てて閉まった。幽霊であっても怖いし、人間であっても怖い。とにかくものすごく怖い。

俺はパニックになりそうなのを必死に抑えながら、電話をかけた。しかし全然電話に出てくれない。

「おいおい、やめてよ〜」

3回目の電話をかける。

そしてやっと、長尾が出た。

「誰もこっち来てない？　本当に来てない？　皆口くんも本当にいる？」

「いますよ。ちゃんと映像で残ってます」

俺は事情を説明して、小走りで外に出た。


四人で再び、先ほど人影が見えた場所に戻る。俺が人影を見たのは、215号室か216号室あたりだった。とりあえず215号室から開けてみる。

開けた途端に、異臭が鼻についた。カビの臭いだ。先ほどまでの部屋とは全然違い、部屋中にカビが生えていた。

うわあ、ここかな？　と思ったが、とりあえず、216号室も確認しようと部屋を出る。

そのとき、皆口がハッと何かを思い出した。

「自分と落合さんが1階を調べていたとき、落合さん、『今天井から、歩く音しなかった？』って言ってましたよね？」

そういえば、天井から足音が聞こえた。皆口には聞こえず、俺だけに聞こえたのだ。

「落合さんに音が聞こえた部屋って１１６号室だったんですよ。それで、この部屋が２１６号室。……１１６号室の真上になります」

つまり……1階でも2階でも、同じ場所から音は聞こえてきていた可能性がある。

俺は全身に鳥肌が立つのを感じた。

２１６号室のドアを開けたとき、四人とも絶句した。

「うわっ……」

「うううわあああ……」

全員がうめき声を上げる。

部屋中がドロリと腐っていた。嗅いだことのないような、猛烈なカビの臭いがする。壁は白や黒のカビで一面が覆われている。

天井は腐り石膏ボードは下に落ちてバラバラになり、畳は足を乗せるとグズグズと沈み込んだ。

「音が聞こえたのは、確実にこっちの部屋でしょ。この部

屋だけ、他の部屋と違いすぎますよ」

皆口が言う。

「てか、頭痛い……」

長尾がうなだれる。

頭痛の原因は、霊的なものかもしれないし、カビのせいかもしれない。どちらにせよ、今日の長尾はとてもしんどそうだ。

「ここで写真を撮ったら、心霊写真撮れるんじゃないかって思うんだけど……。この部屋で自撮りを4～5枚撮ってもらって、落合さんが感じた気配というのを確認してほしいなあ」

皆口の言葉に全員、口をつぐむ。皆口と目が合わないように、足元を見る。

……とはいえ、俺に行ってこいと言うのだろうな？　覚悟を決めていると皆口は長尾を指名した。

おおお、めずらしく弱っている長尾をわざわざ指名するとは!!　まさに鬼ディレクター!!

「嫌です！」

長尾は真顔でまっすぐに言った。だがもちろん決定は覆ることがなく、長尾が一人で自撮りをすることになった。

長尾は忍び足で部屋に入った後、恐る恐る自撮り写真を撮りはじめた。

「まず1枚目……」

トイレをバックにシャッターを切る。「お手洗」と書かれたドアにビッチリと黒いカビがついているのが見える。

そして押し入れをバックに2枚目を撮る。

写真を確認するが、特に怪しいものは写っていない。

「うん……まだ大丈夫……」

つぶやいて、押し入れをバックに3枚目、洗面台の鏡をバックに4枚目を撮った。

長尾の顔は恐怖と緊張で青ざめているが、特に何も写っていない。

「うん……」

少しだけ、ほっとした顔でうなずく。

そしてお風呂場をバックに5枚目、崩壊した天井をバックに6枚目を撮った。

そこでまた写真をチェックしようとしたが、なかなか写真が再生されない。

そして、シャッターもなかなかおりなくなってきた。心霊スポットにいるとよく起こる、機械のトラブルだ。

続けて7枚目、8枚目と天井をバックに、そして窓ガラスをバックに9枚目を撮った。

9枚目の写真には、霊らしきものが写り込んでいた。光る5つの玉（オーブ）だ。

落合は1階の部屋にいるとき、しきりに「窓ガラスが怖い」と言っていた。そのガラスの前で撮ったら、オーブが撮れた。

「ヤバい……。もうやだ。なんで、こんな、白い、え⁇」

普通ならここで逃げ帰るところだが、根が真面目な長尾は、もう1枚撮ろうとする。最後の1枚を撮ったが、その写真はなかなか画面に表示されなかった。

「ううううわあああ……無理です‼　無理でした‼」

しばらく待って、やっと映った写真を見て、長尾は叫びながら走ってみんなのもとへ戻ってきた。ひどく動揺しながら、皆口に説明する。

「最後の1枚前に白いオーブみたいなのが写り込んでいたんですよ。無理だけど、もう1枚だけ撮ろうって頑張って撮ったら、最後のだけ明らかにただの光じゃない、……真っ白いモノが写っていたんですよ」

絞り出すように話した。

長尾からカメラを渡された。

一体何が写ったんだ？　と思いながら再生ボタンを押したが、起動しない。カメラは、うんともすんとも言わない。

「え？　なんでつかないの？　普通につかないんだけど」

俺が抗議すると、長尾が言う。

「写真撮ってるときから、カメラの起動が悪かったんですよ。再生もうまくいかなくて……。

ああ、気持ち悪い……。背中も痛い……」

皆口はその様子を見て、真顔で言った。

「1回、離れよう‼　とりあえず‼」

そうして俺たちは、藤原郷から離脱した。


結局、東京に帰ってきた後も、俺のカメラは二度と電源がつくことはなかった。

なんとなく、皆口も長尾も「心霊現象でカメラが壊れた。恐ろしいね」みたいな落ちをつけようとしている気がする。

いやいや、普通に俺、自分のカメラが壊れたの、すごいショックなんだけど……。

俺はどうも長尾が怪しいと思っている。

たしかにあの日の長尾の様子はめちゃくちゃおかしかった。いつも落ち着いているのに、子供のように怯えていた。だから自撮りしていた部屋から戻るときに、怖がってジタバタと走ってカメラを落とした可能性もあると思うのだ。本当はカメラを落として壊してしまったのに、心霊のせいということにして免れようとしているのではないか。

とはいえ、一人ぼっちで変な写真も撮れてしまって、そうとう怖かったんだろうなと思うと、少しかわいそうな気持ちにもなる。

皆口

カメラが完全に壊れてしまったため、長尾が撮った写真はなかなか確認することができなかった。結局、写真を確認できたのは東京に帰ってきた後になった。会社で、ＳＤカードを取り出して、パソコンで写真を再生した。

そこに写っていたのは……なんともよくわからない奇っ怪なモノだった。

長尾の自撮りなのだが、長尾の目の前の空間が無理やり裂け、そこから光がドロリとこぼれ出てきているような写真だった。

長尾が怯えていたのもわかる。

わかりやすい心霊写真ではない。

霊なのか、妖怪なのか、パラレルワールドの人間なのか、それはわからないが、何かが藤原郷のあの部屋にやってきたのかもしれない。

もしそうだとしたら、やってきたモノは、今も藤原郷にいるのだろうか？　それとも、長尾や俺たちが東京に連れて帰ってきてしまったのだろうか？

ディレクターとしては長尾に取り憑いていたら面白いと思うのだが、どうだろうか？

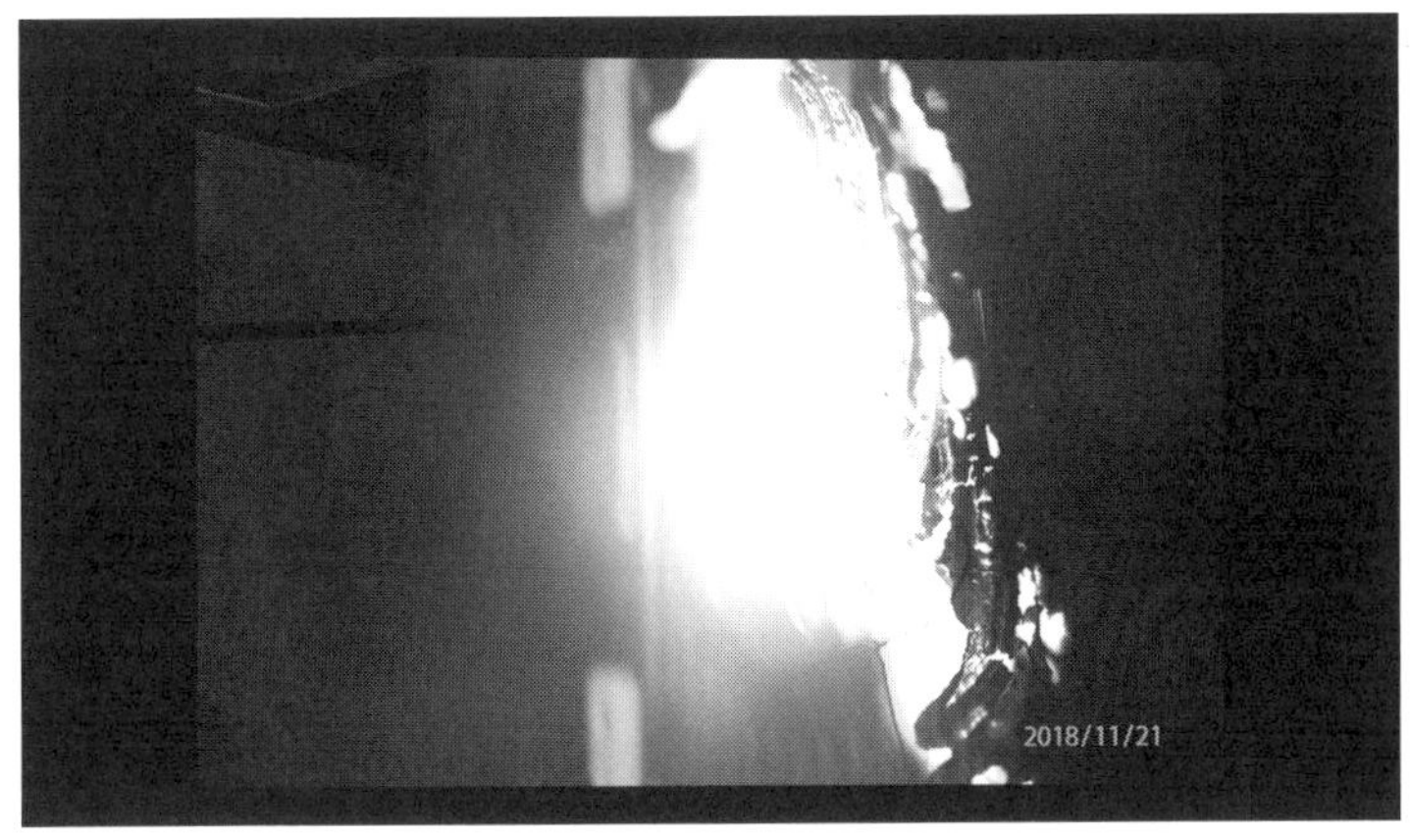
2018/11/21

記憶を頼りに描いたMAP

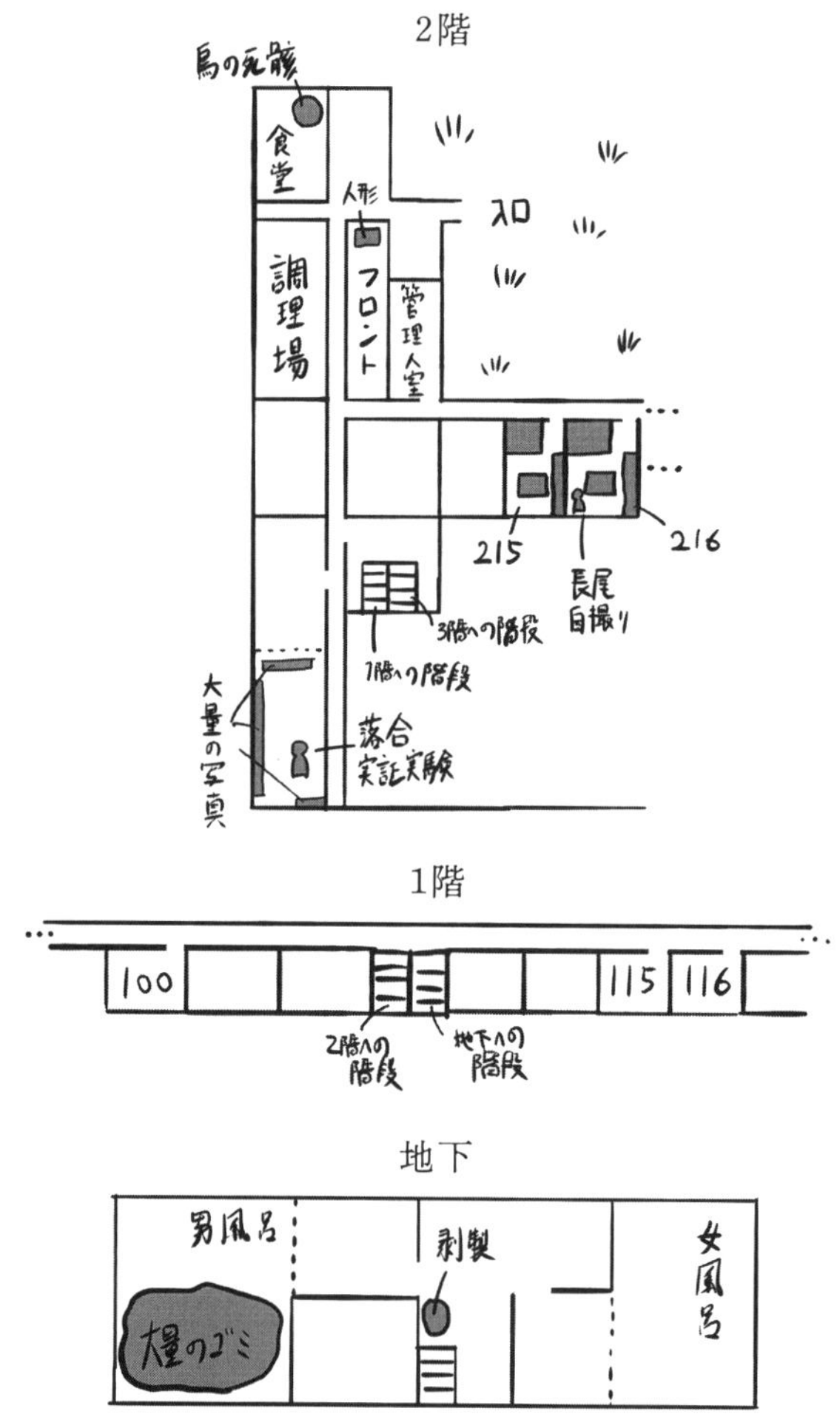

※実際のものとは違う可能性があります。

OFF SHOT

撮影前、ホテルから少し離れた場所で撮った1枚。
撮影後のしょうちゃんの落ち込みっぷりはかわいそうだったなあ。

都心の最恐心霊スポット20カ所行脚！

日本全国の心霊スポットをいちはやく網羅すべく第16回では『ゾゾゾ』史上最多のロケを敢行！落合と皆口が早朝の新宿西口ロータリーに集合し、1日で20カ所の心霊スポットにまとめて大突撃！

1 千駄ヶ谷トンネル

（東京都・渋谷区）

東京オリンピック（1964年）開催のために建設されたトンネル。墓地の下を通っているためか、幽霊の目撃情報が多い。

ゾゾゾポイント：2

都心に造られたトンネル。上の墓地を見つけたときはドキッとしました。（落合）

2 白金トンネル

（東京都・港区）

心霊スポットとして不穏な噂がささやかれているトンネル。霊障のせいか、交通事故が非常に多いことで有名。

ゾゾゾポイント：1

車通りが多くスピードも出やすいトンネル。たしかに事故は多そうな印象でした。（落合）

START!

とにかく気が重い。1日で本当に20カ所も行けるのか不安で仕方がない……。

⑤ 青山霊園

（東京都・港区）

都心最大規模の霊園。古くからの歴史があり、心霊スポットとして多くの噂話が存在する。

ゾゾゾポイント：1.5

とにかく広いためお散歩コースとしても人気の霊園です。春は桜が満開。（落合）

③ 東京タワー

（東京都・港区）

潰した墓地の上に立っているというのは有名な話だが、四つの脚のうち一つがその墓地に踏み込んでいるという。

ゾゾゾポイント：Ø.5

東京屈指のデートスポット。この日もカップルをたくさん見ました。（落合）

⑥ 鈴ヶ森刑場跡

（東京都・品川区）

1651年に開設され、200年あまりで約20万人が処刑された。また、ここには「首洗いの井戸」と呼ばれる井戸がある。

ゾゾゾポイント：1

国道沿いにある刑場跡。人通りは多いですが、どこか不気味。（落合）

④ 雑司ヶ谷霊園

（東京都・豊島区）

歴史のある霊園だが、敷地内で自殺する者が後を絶たないとか。

ゾゾゾポイント：1.5

昼間の墓地はどこか和みます。序盤だけれど、少し疲れたのでベンチで休憩。（落合）

❽ くらやみ坂

（神奈川県・横浜市）

住宅街にある普通の坂道に見えるが、昔刑場があった場所。そのためか、数々の心霊現象が起きているとか。

ゾゾゾポイント：**1**

かなり急な坂道でした。全力で走ってみましたが、腿がパンパンです。（落合）

❼ 江北橋

（東京都・足立区）

交通事故の多発地帯で照明の増設やお祓いがなされている。都内でも有数の心霊スポットとして知られる。

ゾゾゾポイント：**1**

荒川に架かる大きな橋。直線なのになぜ事故が多発するのか不思議ですね。（落合）

❾ 腹切りやぐら

（神奈川県・鎌倉市）

ハイキングコースだが、近くを通ると気分が悪くなる人や、落ち武者の霊を見たという情報も多く聞かれる。

ゾゾゾポイント：**2**

不気味に佇むやぐら。暗い洞窟の先には一体何があるのでしょうか。（落合）

オマケ 内田さん家

（埼玉県・川口市）

霊障が絶えない呪われた一室があり、「内田さん家」と呼ばれ、地元の人から恐れられている。

ゾゾゾポイント：**5**

当時の物が多く残る不思議な場所。部屋には異臭が漂い来る者を拒みます。（落合）

12 八王子1トンネル

（東京都・八王子市）

幽霊の目撃情報が多く、心霊写真がよく撮れるとされるトンネル。

ゾゾゾポイント：4 

短いながらも恐怖度の高いトンネル。雑木林に隠れるように存在しています。（落合）

13 上柚木公園・山吹橋

（東京都・八王子市）

過去に公園内で自殺した人がいるそうで、それ以来心霊スポットとして恐れられている。

ゾゾゾポイント：1

親子で遊ぶ姿が印象的な憩いの公園。疲れたのでここでも少しばかり休憩。（落合）

10 山神トンネル

（神奈川県・厚木市）

このトンネルの周辺では、神隠しに遭う、肝試し中に行方不明になった人がいるなどの噂が数多くある。

ゾゾゾポイント：3.5

夜は絶対に行きたくない。昼間でも暗く方向感覚がおかしくなりそうでした。（落合）

11 八王子城跡

（東京都・八王子市）

八王子城跡は、関東でも屈指の心霊スポット。約400年前に大殺戮が発生した城跡地。

ゾゾゾポイント：3

自然豊かで観光客も多く、昼間はいい気持ちでお散歩できますが、夜は……。（落合）

16 八坂神社

（東京都・東村山市）

心霊写真が撮れると地元では有名な神社。境内の大木にはたまに藁人形が釘で打ち付けてあるとか。

ゾゾゾポイント：**3.5**

人魂（?）のようなものに遭遇。立派な神社でしたが、やっぱり夜は怖い。（落合）

17 東武東上線魔の踏切

（埼玉県・ふじみ野市）

人身事故の多い東武東上線。その中でもふじみ野市にある青い踏切は人を引き込む魔の踏切と恐れられている。

ゾゾゾポイント：**3**

青いライトが光る小さな踏切。人身事故の多い路線という印象があります。（落合）

14 旧小峰トンネル

（東京都・八王子市）

数多く存在する心霊スポットの中でも、霊現象に遭遇する確率が高いと言われている。

ゾゾゾポイント：**4**

夜のトンネルは異世界に迷い込んだような怖さと孤独感があります。（落合）

15 たっちゃん池

（東京都・東村山市）

狭山公園内の宅部池、別名「たっちゃん池」。真夜中に水面から白い手が現れる現象が頻繁に目撃されている。

ゾゾゾポイント：**3**

公園は自然豊かで開放的。暗くて池はほとんど見えませんでした。（落合）

20 中村精神病院

（埼玉県・さいたま市）

テレビにも取り上げられた有名な心霊スポット。窓には鉄格子がはめられており、精神病院の面影を残している。

ゾゾゾポイント：Ø

残念ながら取り壊されてしまっており、確認することができませんでした。（落合）

18 秋ヶ瀬公園

（埼玉県・さいたま市）

自殺や殺人など無残な事件が多く起きていると言われる。水門にバラバラ死体が流れ着いたという噂もある。

ゾゾゾポイント：2.5

とても広い公園ですが、夜は街灯が少なくとても不気味な印象でした。（落合）

GOAL!

20カ所を1日で巡る闘いがようやく終わった……。最後は回転寿司で締めました。

19 薬師堂のマキ

（埼玉県・さいたま市）

さいたま市指定天然記念物のマキの木。……だと思ったが、これではなかったようだ。

ゾゾゾポイント：Ø

全く関係のない木を"それ"だと思ってしまいました。うっかりミス。（落合）

7 章

呪われた廃病院で恐怖の実証実験！
電話に入り込むノイズの正体とは!?

旧野木病院

［きゅうのぎびょういん］

栃木県下都賀郡にある廃病院。栃木三大廃病院と言われる有名な心霊スポット。

廃業する前は精神科病院だったと言われており、噂では地下室が存在するらしい。

また、全身を白い布で覆った謎の集団が儀式を行っているという目撃情報もある謎多き危険スポットである。

知名度	B（地元では有名な肝試しスポット）
恐怖度	B（雰囲気がある。それなりに怖い）
ゾゾゾポイント	4.5

今回は、栃木県の南の玄関口と言われる下都賀郡に向かって車を走らせている。東京からは比較的アクセスがよい場所だ。とはいえ、1時間半くらいはかかる。

メンバーは、皆口、長尾、そしてお祓いを済ませた内田が参戦した。正月明け最初の撮影で、「あけましておめでとうございます」と挨拶を交わす。もっとも、これから心霊スポットに行くのだから、あまりおめでたくはないが……。

特に、内田が復帰したことには誰も触れないうちに今回の心霊スポットの近くに到着した。

そこは随分な田舎道だった。人通りは少なく、田んぼが広がっている。木々が生い茂った雑木林の奥が目的地らしい。かなり不気味な雰囲気だ。

さっそく、内田が説明をはじめる。

「この場所は『旧野木病院』、栃木三大廃病院と呼ばれる有名な心霊スポットの一つです。当時は精神科病院だったと言われています」

廃病院は心霊スポットの定番だ。だが実際に病院の廃墟はあまりない。すぐに取り壊されてしまう場合が多いし、たとえ使われなくてもきちんと管理されている物件が多い。

そもそもこんな田舎に病院を建てて人が来るのだろうか？　隔離病棟が多い精神科病院ならいけると踏んだのだろうか？　ただ、どのみち潰れてしまったわけではあるが。

「噂では、ここには地下室があると言われています。あと、全身を白い布で覆った謎の集団が、この場所で怪しい儀式を行っているという目撃情報もありました。大変危険なスポットです」

「だから、危険なスポットには踏み込んじゃダメなんだって」

一応抗議をしてみたが、皆口は案の定聞く耳持たず、俺は諦めの気持ちで心霊スポットに向けて歩きはじめた。

その道中「会員制ケアスペース　入居者募集中　近日開所予定」という大きい看板が出ていた。看板の出ていた場所からして、今から行く物件についての説明看板のようだ。「会員制ケアスペース」とは老人ホームのような施設だろうか？　書かれている電話番号は大阪のものだ。「近日開所予定」と書いてあるものの、看板自体が古びて錆びついている。

どうやら計画は中止されたが看板は撤去されずに放置されたようだ。

そして俺たちが歩いている病院に続く道が、舗装されていない土の道だというのも気になる。病院へ続く道が舗装されてないっってあるか？　途中、道を塞ぐようにコンクリートの塊がどかっと置いてある地点もあった。

「道の塞ぎ方、ちょっとエグくない？」

皆口が不安そうにつぶやく。

「こんな場所に病院なんかあるのかなあ？」

半信半疑で歩いていくと少し道が開けた。その先に巨大な廃墟が見える。懐中電灯で照らすと暗闇にぼうっと浮かび上がった。直感で、忌まわしい場所だとわかる。


廃墟の1階部分はほぼ柱が立っているだけだった。

柱や壁にはスプレー缶の落書きが描いてある。アート性の高いものは少なく「北●●暴走愚連隊参上」など、暴走族かヤンキーが描いたのだと思われるものがほとんどだ。

天井を見ると、ズポッと四角い穴が開いている。通気孔か何かの穴だろうか？

「わ、2階探索するとき、危ないですね」

内田が心配そうに言った。

「ここは病院のどこなんだろう？」

誰にともなく話しかける。受付らしくもないし、病室のような造りでもない。

エレベーターの跡も見つかった。ただエレベーターのカゴはない。コンクリート製の縦穴が開いているだけだ。壁

からは錆びついた鉄骨が生え、下にはおそらく不法投棄されたであろうゴミが溜まっている。

たしかに、怖い施設なのだが、ずっと違和感がある。ここは本当に、精神科病院だったのだろうか？


奥で2階へ繋がる階段を発見したので、2階を内田と長尾が探索することになった。

「何かあったらすぐに連絡をお願いします」

内田がシリアスな顔で告げ、階段を上がっていった。

内田＆長尾

内田と長尾が2階へ上がると、3階への階段もあった。

さらに屋上もあり、外への扉が開いているので、出てみる。

2〜3階をくまなく探したが、特に何も見つからなかった。いや、不自然なほど何もない。

「うーん、病院って感じしないよね？」

階段にあるべき手すりすらない。

「もし営業してたなら、もろもろあると思うんだよね……」

長尾が首をかしげる。

ベッド、診察台、待合室のソファ、机、椅子……など、なんだって少しは残るだろう。そもそも、ドアや階段の手すりすらないのだ。こんな状態で病院が営業していたなんてことがあるのだろうか。

俺と皆口は1階の探索を続ける。俺も、この建物は使用されたことがないと感じていた。だから廃病院の怖さはないのだが、しかし深夜に得体の知れない廃ビルにいるだけで十分怖い。

ひと部屋ひと部屋確認しながら歩いていると、深い溝が掘られた部屋があった。水はけをよくするために掘ったのだろうか？　部屋の用途がわからない。部屋をよく観察していると、ふと隣の部屋に続く窓枠が見えた。

黒い煤がついている。

慌てて隣の部屋をのぞくと、部屋全体がまっ黒焦げに燃えていた。

「これ、隣の部屋燃えてますよ……」

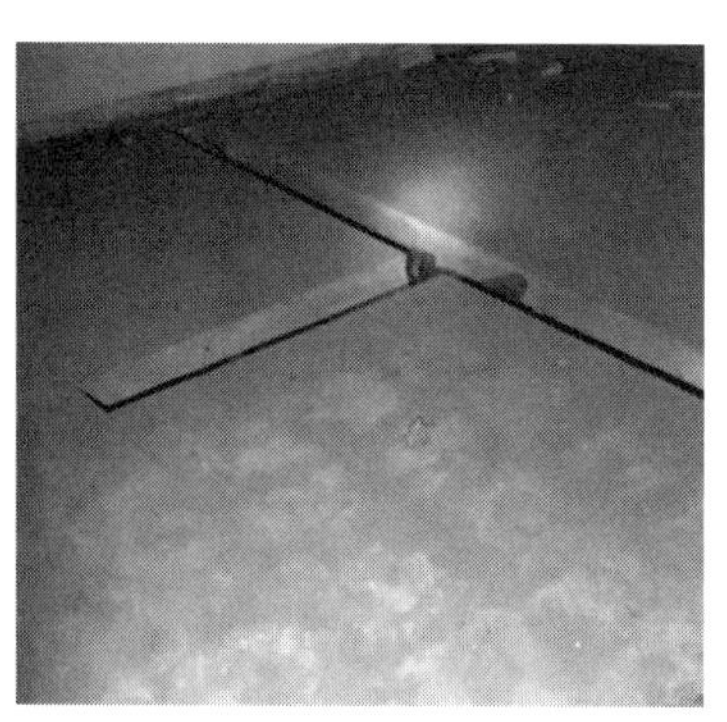

皆口がつぶやく。

そしてさらに奇妙なことに、焼けた後に、素人の手で部屋が改装されていたのだ。

竹の棒が突っ張り棒のように、部屋の四辺に張られていた。そして、その竹の棒には段ボールがかけられたりもしている。

「何これ……」

なんのためにこんな工作をしたのかさっぱりわからない。

「て、いうかなんの部屋？　こんな狭いの……」

皆口と俺は首をひねる。

こんな何もない建物内で一体何が燃えたのだろう？　そしてなぜ、後から改装したのだろうか？

脳裏に「全身を白い布で覆った謎の集団が、この場所で怪しい儀式を行っているという目撃情報がある」という内田の言葉が浮かんだ。

「ちょっと待って‼」

皆口が突然振り向く。俺はビクッと体が硬直した。

「……数人の話し声が聞こえません？」

耳をすませる。

「誰かいる？」

皆口は部屋の扉のない入口に向かって問いかける。

もちろん返事はない。

その後も探索を続ける。部屋はたくさんあるのだが、不思議なことにどこにも部屋名のプレートがない。物も一切ない。どこがなんの部屋なのか全くわからないのだ。

30～40分ほど探索した後に、1階で全員集合して話し合う。

「ここって本当に病院だったの？」

皆口が問いかける。

こんなに何もないビルで精神科病院を営業していたとは思えない。ビルの建築途中で計画が頓挫してしまった……というのが真相ではないだろうか？

「会員制ケアスペース　入居者募集中　近日開所予定」という看板からして、老人ホームを建設中に頓挫してしまったと考える方が合点がいく。ひょっとしたら老人ホームの前は精神科病院だったのかもしれないが、道路の舗装状況などから見て、それもなさそうな気がした。

いずれにしても、こんな立派な建物を建てて、営業しないで廃墟になってしまったのには、なんらかの理由があったのだろう。

皆口が言う。

「この建物の秘密を探るために、まーくんとしょうちゃんの二人組で建物内部を一周する形で回ってほしいんですよ。その間、待機組に電話を繋いでいてほしい」

俺はめずらしく、現場には行かない待機組に回った。


長尾と内田は俺に電話を繋いだまま、1階から2階へ上がり、廊下を進んでいく。そして3階へ進む。たまに窓から実況組の光が見えるのを外から眺める。

「さっき来たときより雰囲気変わったね」

内田が意味深なことをつぶやいた。

しかし特に何事もなく屋上に出てきたのが下からも見えた。屋上と外でお互い手を振り合い、今度は先ほどとは反対側のルートで下りていく。

進むにつれ、徐々に電話から聞こえる長尾の音声が歪んできた。

「1階だけ……同じ……くりか……3ぐぅわいからおガガガりてきてギュギュ……いくぅ」

先ほどまで電波は良好だったのに急におかしくなった。しかも長尾の電話にはこちらの声は正常に流れているらしい。

「ここの電波が悪いのかな？」

長尾が首をかしげながら、落書きだらけの階段を1階へ下りていく。

内田が足元に白いハイヒールが落ちているのを見つけた。床に懐中電灯を当てると、その隣にいくつもの靴が散乱していた。

「おおっなんだこれ!!　靴？」

その声もやはり歪んでいる。

なんとか聞き取ろうと耳をすませると、内田と長尾以外にもう一人〝誰か〟の声が聞こえるような気がする。

「なんか、もう一人いません？」

皆口が言う。

「ちょっと待って、怖いこと言わないでよ……」

電話の向こうで内田が怯えた。

皆口がまた怖がらせようと思って、大げさなこと言ってるんじゃないの？　とも思ったが、たしかにガガガと混線している中にもう一人の声がしているように聞こえる。

「もう一人の声するよね？」

「最初はノイズかなと思ったんだけど、これ声ですよね？」

実況組の方では、異変はないという。

「今、どこにいるの？」

「階段下りたところなんですけど、いっぱい荷物があるんです、ここだけ」

声のような雑音はやまず、結局、内田と長尾は探索を中止して帰還した。

その後、全員でその部屋へ向かう。

骨組みだけのようなドライな印象の廃墟だったが、その小さな部屋だけは生活感がたっぷりと漂っていた。

段ボールが敷かれ、服が脱ぎ散らかされ、ペットボトルやスーパーのカゴが並んでいる。明らかにここには人が住んでいたのだろうとわかる。手前に落ちていた靴も、ここの住人の持ち物だろうか。周辺を探すと近くの竹林にもさらに靴が落ちていた。なぜこんなに靴があるのだろうか。

おそらくホームレスが、風雨を防げるこの場所でしばらく生活していたのだろう。たしかに、外で寝るよりは、ここで寝た方が少しは過ごしやすいかもしれない。

ただここは周りに田畑しかない田舎町だ。こんな町で、ホームレスが生活していけたのか疑問に思う。

皆口が実証検証をやりたいと言い出した。

「もう1回、あの部屋から電話をかけてきてほしい。もう一人の〝声〟が入るのか実証してみたいです」

もちろん、俺も含めてみんな顔をしかめて目をそらす。やりたくないという気持ちをあからさまに態度に出すが、皆口は全く折れない。

「あの場所行ったときだけ、ずっと音が鳴ってたの。これは確かめないと番組終われない」

「まあ、気持ちはね。よくわかるよ。……まあ、まーくんかな」

俺はしれっと内田を指名してみた。

やっとお祓いを済ませスッキリした表情になっていた内田の顔が、苦悶に歪んだ。

「嘘でしょ～」

内田は肩を落とし、一人で先ほどの部屋に戻っていった。

そして部屋の前から俺に電話をかける。

電話が繋がったので、音声をスピーカーにして流す。

「もしもし……聞こえますでしょヴァーアー」

声が歪んだ。

俺らはパニックになり、それが伝播して内田もパニックになった。撮影は中断して、内田は走って戻ってきた。

「なんだよ⁈　なんだよ⁈　何が聞こえたの？」

内田が息を切らせながら聞く。皆口が説明する。

「何を言ってるかわからないけど……おじいちゃんみたいだったよ」

たしかにそのときの内田の声はしわがれた、老人のようだった。


しかし、ほとんど誰も住んでいないであろう廃墟なのになんでこのような現象が起きるのだろうか？

人が住んでいないということは、恨みつらみも発生してないということだ。

「不思議……ですね。人の念とかそういうものじゃない何かが集まっている感じがしました。建物が使われてなくても、そうやって何かが集まってくるというのはあるのかな」

長尾が意味ありげな表情でひっそりと締めた。心霊アナリストか！

「楽しんでもらえればいいですよ……」

また再び、霊に取り憑かれてしまったのかもしれない内田は、やけっぱちな笑顔だ。

憑いたなら、また祓えばいいだろう。

「ハンバーグ食って帰ろう」

温かいものでも食べて、回復したい。

今回は、

「おそらく廃病院ではなかった」

「噂されていた地下室が見つからなかった」

など、当初の目標は叶わなかったのだが、代わりにかなりまずい場所を見つけることができたような気がした。

一体、あの場所には何が棲んでいたのだろうか？　謎は深まる。

記憶を頼りに描いたMAP

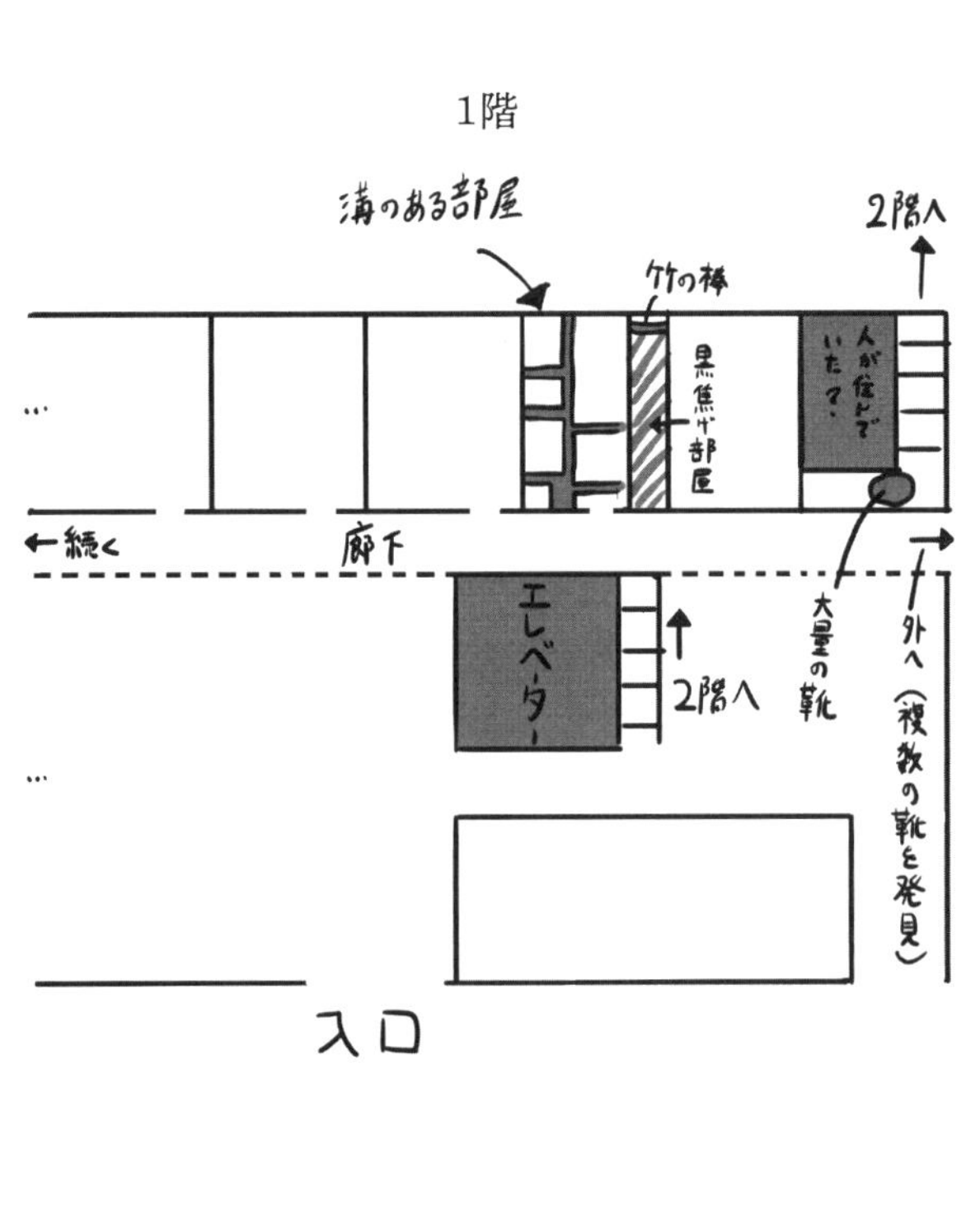

※実際のものとは違う可能性があります。

OFF SHOT

帰りに立ち寄ったハンバーグ屋の駐車場での1枚。
寒さと疲労と安心感に包まれました。

8 章

不吉な噂がうずまく廃村に突入！
予想だにしなかった緊急事態が勃発！

ジェイソン村

[じぇいそんむら]

神奈川県相模原市にある廃村。

同名のジェイソン村と呼ばれる廃村は日本各地に点在する。北は秋田から南は熊本まで、噂は地域によって違いがあるが、その元祖はここ、神奈川県にあるジェイソン村だと言われている。

ここでは過去に惨殺事件や、当時営業していたモーテルのオーナーが自殺してしまったなど多くの噂がある。

知名度	B（地元では有名な肝試しスポット）
恐怖度	B（雰囲気がある。それなりに怖い）
ゾゾゾポイント	4

今日は、あいにくの雨模様だ。

どよんとした雰囲気を打ち消すように、皆口が明るく発表する。

「今回は神奈川県の『ジェイソン村』に突入したいと思います！」


向かったのは、神奈川県の北端にある心霊スポットだ。八王子からさらに西に進んでいき、相模湖周辺に車を停めた。いつものようにほとんど人家がない田舎だ。

ジェイソンという名前の語源はギリシャ神話に登場するイアーソーンである。ヘーラクレースなど多くの勇者たちと黄金の羊の毛皮を求める冒険をしたことで有名だが……現在ではすっかり大量殺人鬼の代名詞になっている。もちろんスプラッター映画『13日の金曜日』シリーズに登場するジェイソン・ボーヒーズが由来だ。

『13日の金曜日』では、湖の近くのキャンプ場で次々と残酷な殺人事件が繰り返されるというのがお約束になっている。

たしかにここも、相模湖のそばだ。


「ジェイソン村と呼ばれる心霊スポットは日本各地にたくさんありますが、ここが元祖と言われています」

なんにでも元祖はあるものだ。

ちなみに、茨城、山梨、千葉、新潟……などにもジェイソン村はある。やはりそのほとんどが、潰れてしまった観光施設だ。ここでは過去に凄惨な殺人事件が起きたとか、モーテルのオーナーが自殺したなど多くの噂が飛び交っているそうだ。

「今回は、遭難とかありえる場所なんで、安全第一で突入していきましょう」

皆口は言うと、ガンガン進みはじめた。撮影の邪魔になるので、傘は持っていない。

「遭難とかありえる場所に入っちゃダメなんだって〜」

俺の声は、風の音にかき消された。

メンバーは、俺、皆口、内田、長尾といういつもの顔ぶれだ。


ジェイソン村の入口への目印とされているコンクリートを通り過ぎ、夜の森の道を歩いていく。

雑草や竹が嫌というほど生えていて歩きづらい。15分ほど進んだところにバリケードが見えてきた。工事現場にあるような白いバリケードが張られている。そのバリケードが張られたのもかなり昔らしく、金属部分は錆びついている。スプレーペンキで落書きが書かれているが、それすら色あせている。

そして真ん中は破られていた。その穴から中へ入ることができる。

「噂ではこの先にジェイソン村があるそうです」

皆口が説明する。

長尾が小さな声でつぶやいた。

「怖いです……普通に」

全員、緊張した面持ちのまま内部に侵入する。

その先は道の状態がますます悪くなった。何十年も放置されていたのだろう、雑草が成長しすぎて俺の背丈くらいになっている。

村の敷地はかなり広いようで、途中上下で道がわかれていた。そこで皆口と内田は上方向へ、俺と長尾は下方向へ捜索を進めることにした。


下方向に行くと1軒の廃屋があった。周りを見渡すが、他には何も見当たらなかった。

いかにも昭和に建てられたという、2階建ての木造の建造物だ。

中を見ると、壁はベロンと剥がれ、天井のクロスもすっかり落ちていた。ずっと放置されてきた廃屋だと一目瞭然

でわかる。

トイレや風呂場もタイル貼りの古いスタイルのものだ。ただノスタルジックな気持ちにはならない。ただただ気持ちが悪いだけだ。風呂の窓は内側からしっかり板で釘付けにされている。なぜ内側から板を打ち付けたのだろうか？

外から見たところ2階建てだったので、上に行ってみようと思ったのだが階段がどこにも見当たらなかった。

「ひょっとして外階段かな？」

一旦外に出て探したが見つからない。2階に窓があるのは見えるのに入れないのだ。階段部分が崩壊してしまったのか、それとも封鎖してしまったのか……。なんとも不可解で気持ちが悪い。


下のエリアには他に廃屋は見当たらなかったので皆口と内田が進んだ上のエリアへ向かうことにした。上への道はかなり過酷だった。

アスファルトは敷かれているし、よく見るとガードレールもあるのだが、どちらもかなり自然に侵食されている。木々や雑草が生い茂りジャングルのようになっている道を、姿勢を低くしながら進まなければならない。長尾が、極めて

小さい声で言う。

「あまり俺こういうこと思ったことないんですけど、怖いんです。この先……」

いや、ジェイソン村に入るときも「怖いです……普通に」ってつぶやいていたじゃないか。聞こえていたぞ。

長尾は見た目はゴッツいけれど、実はまあ怖がりなのに最近気づいてきていた。長尾は目で「もうギブアップしたい……」と訴えかけてくる。俺だってギブアップしたいが、そういうわけにはいかないだろう。

俺たちは雨に濡れながら、倒木の間を縫って歩いていく。ワイルドすぎる道程だ。

本当にこの先に家があるかどうかわからないから、ますます不安になってくる。

皆口＆内田

長尾よりも怖がりの内田は、もちろんしっかりとゴネていた。

「もう進める場所ないぜ……行くの？」

険しい上への道を前に愚痴りながら歩く。

しかし、しばらく歩くと森の向こう側に家があるのを見つけた。かなり古い廃屋だ。

「嫌だよ、発見したくなかった～」

内田がぼやく。

近くに寄ると、窓もドアも板でガチガチに閉じられているのがわかった。

　封鎖が解けているドアから中に入ると、ガランとそっけない古い洋間だった。天井は、木の骨組みがむき出しになっている。壁には不気味な顔を描いた落書きがあったが、描かれたのはかなり昔のようだ。

　1軒目の廃屋の周りを探索すると、奥に2軒の廃屋が見つかった。合計3軒の廃屋が並んでいるようだった。村というには少しさみしいが、それでもたしかにジェイソン村という雰囲気が漂ってきた。


　2軒目の廃屋を探索した後、3軒目の廃屋に入った。落書きがあるのは1軒目だけで、2～3軒目には落書きがないのが少し不思議だった。

　3軒目はけっこう物が残っている。ここも窓は板でガチガチに打ち付けてあった。洋式便器に木材が突き刺さっているのを見て、なんだか陰鬱な気持ちになる。

どの廃屋も表札がなく、モーテルのような造りだ。「モーテルのオーナーが自殺した」という噂を思い出す。

ただそれ以外には、特段変わったことはないように思えた。

「でも、ちょっと臭うよ？」

内田が言う。言われてみると、たしかに何か有機的な臭いがする。

急に内田が強引に皆口を外に連れ出した。

「なになに？」

「考えすぎかもしれないけど、3軒目だけ入ってしばらくしてから、気持ち悪くなった、かなり……」

内田は皆口に言った。

1回離れようと来た方に戻ると、遠くから明かりが近づいてくるのが見えた。

俺がやっと廃屋のあたりにたどり着くと、廃屋の中から皆口と青ざめた内田が出てきた。

3軒目の廃屋で、内田の気分が悪くなったそうだ。

内田がそうやって一人で何かを感じて、落ち込んでしまうのはよくあることだ。よくありすぎて最近では流しがちになってしまっている。でも、今回はかなり調子が悪そうだ。

二人をその場に残し、俺と長尾で3軒目の廃屋の様子を見にいく。入ってすぐに、臭いが鼻についた。

「なんかさ……醤油？　なんか臭うね……」

どこから臭ってくるか探してみると、どうやら壊れた暖房器具あたりが発生源のようだ。

「あんまり嗅がない臭いですね」

長尾が言う。ふと暖房器具の後ろを見ると紙片が落ちている。長尾がその紙片を、ひょいと拾いあげた。

「やめろ、やめろ……」

俺は止めたが、長尾は意に介さず暖房器具の上で紙を開いた。紙片を見た途端、長尾の顔が引きつった。俺ものぞき見ると、明朝体で
「こいつは人を騙して」

と書かれているのが見えた。

「え……？」

急いで外にいる皆口と内田を呼ぶ。

探してみると紙片はそれ以外にもあった。どうやら、1枚の怪文書がビリビリに破られているようだ。

（神奈川県
という男は世界
殺人者だ。こいつは
をして人をひき
酒に酔ってタク
手に暴行を加えた
殺した奴だ。こい

「○○○○（神奈川県藤沢市在住）という男は世界一凶悪な殺人者だ。こいつは飲酒運転をして人をひき殺したり、酒に酔ってタクシーの運転手に暴行を加えた上に刺し殺した奴だ。こいつ●●●●1円の価値もない●●だ。こいつは人間のくずだ。こいつは人を騙して陥れるえげつない●●●こいつは不潔で糞●●●●」
（○○○○は名前が書かれていた。●●●●部分は判読できなかった）

繋ぎ合わせてみると部分的に読み取れた。

文章からは、強烈な憎しみを感じ取ることができる。恨みがある人への罵詈雑言を書き綴って、刷り出したものだろうか？

こういう告発文はより多くの人に読まれたいはずだ。例えばネットの掲示板などに書いて大勢に広げたりするのが、常套手段だろう。こんな誰も来ない廃屋の中に、こんな怪文書を置いていてもあまり効果的ではない。

「悪ふざけなのかな？　誰かが出力してもってきた？　でもなんのため？」

独りごちる。来た人を驚かせるためなら、ずいぶん遠回しなやり方だ。奥まった廃屋のさらに家具の裏では、ちょっとやそっとでは気づかないだろう。俺たちが紙片に気がついたのも、完全な偶然だ。

とはいえ、かつて殺人事件が起きたと噂される場所で怪文書を見つけるのは、かなり心にダメージがあった。

「臭い強くなってません？」

長尾が部屋を見回す。

「すごい頭痛い。今も右手がすごい痛いんだけど……これなんだろうね」

内田がつらそうだ。

普段なら「またか」と白い目で見るところだが、さすがに俺も少し気分が悪くなってきた。

四人で逃げるように外に出ると、雨の向こうからザッと人の気配がした。

「上に人いない？」

「何かいるの？」

それぞれが神経質に反応する。

皆口が秘密兵器として持ってきていた暗視カメラをつけるが、人は写らない。

人の気配がした場所は、廃屋がある場所よりさらに高い位置だった。下からでは何があるのかわからない。

「ちょっと行ってみようか？」

皆口がみんなに問いかけた。

霊も怖いが、人間も怖い。急にリアルな恐怖が押し寄せてくる。

「シャレになんないぞ、人がいたら……」

全員で、人の気配がした方角に進んでいく。藪をしばらく歩いたところで、急に開けた場所に到着した。

長尾が低い階段のようなものを見つけた。古びた机がひっくり返して捨てられていたり、浴槽の破片のようなものなどいくつかの残骸が落ちている。よく見ると、地面には基礎が打たれているのもわかった。

もともと家があって、取り壊した跡だろうか？　そうかもしれないが、でもなんだか不自然な気がする。

ここは……なんの場所だろう？

四人の間に、不穏な空気が漂った。

そして皆口が、ここで実証実験をやりたいと言いはじめた。

「この場所に定点カメラを置くので、30分ぐらい一人で待機してください。番組史上初の暗視カメラで実証実験を記録していきます」

長尾に向かって言う。

長尾はズンと落ち込んだ顔で聞く。

「『来て～!!』って言ったら、来てくれるんですか？」

皆口はしばらく考えた後に答えた。

「……前向きに検討します」

緊急時にゆっくり検討してたら、間に合わないだろう。

そうして長尾をその場に残し、俺たちはしばらく離れた場所で待機することになった。

長尾

長尾は一人、カメラとライトを持って佇む。

「ということで、実証実験です。ちょっと雨模様みたいな感じですかね。うーん……」

次第に雨脚が強まり、カメラにもザーッという大きな雨音が入る。

しばらく経った後、長尾は頭をこすりながら現場に座った。そしてそのままの姿勢でしばらく経った後、急にビクッと体を動かした。

何かに反応したようだ。

「なんか……足音……みたいな音がするんですよね、四方から」

少し怯えた口調でカメラに言う。

30分ほど経ち、長尾のところに戻る。

「撮影している途中で1回ぐわっと空気が変わりましたね」

恐怖をごまかすためにに、つい口数が多くなったと長尾が吐露した。

四方から聞こえた音は、動物だろうか？

やはり、この場所には何かがあったのかもしれない。

「なんか穴っぽいのもあったんですよ」

長尾が実証実験中に見つけた穴の方にみんなで向かう。俺も付き合ってウロウロしていると、何か石みたいなものにつまづいた。

見ると……陶器のようだった。

茶碗？

茶碗じゃないな……壺？

蓋が閉められた、壺か……。

……壺……。

俺は嫌な予感を無理やり抑え込みながら、皆口に壺らしきものが落ちていたことを伝えた。

皆口の顔色が変わり、途端に、ピリッとした空気になった。

「これは、あんまよくないかもしれないですね」

長尾が言う。そしてしばし黙り込む。

みんな口には出さないが、壺の中には骨が入っているのではないか？　と思っている。

ただ、開いてみるまでは、中に何が入っているかはわからない。映画『フォレスト・ガンプ』の「人生はチョコレート箱よ。開けてみるまで何が入っているかわからない」である。シュレーディンガーの猫ならば、開けてみるまでは中身は、骨であり、骨でないものの重ね合わせ状態だ。

四人で無言のまま、ジッと壺を睨む。


ちなみにだが、火葬場で焼いた後に渡される遺骨は、れっきとした遺体だ。

遺骨を適当な場所に捨てるのは刑法190条「死体、遺骨、遺髪又は棺に納めてある物を損壊し、遺棄し、又は領得した者は、3年以下の懲役に処する」に抵触する。

「死体損壊等の罪」だ。

事実、コインロッカーやトイレのゴミ箱などに、遺骨を捨てて逮捕される事件はちょくちょく起きている。

もちろん俺たちが捨てたわけではないから、逮捕とかにはならないだろうが……それでもかなり面倒くさいことになりそうではある。

「開けて、ソレだったら、全面カットで。もし違ったら、番組で使えると思うんですよ。開けます？」

長尾が聞く。

皆口は少し口をつぐんだ後に、言った。

「ちょっと、これは放っといた方がいいと思うな……」

ディレクターがそう言うなら仕方がない。

「たぶん、ここ墓地だったんじゃないですか？　ここ建物じゃなくて、墓地跡……」

長尾はあたりを見回して、指を差す。

「あそこ……アスファルトの穴があるんですよ」

地面に穴があったのは、もともとお墓があった場所なのだろうか？

階段に見えたのは、崩壊したお墓の一部だったのだろうか？

そう思えば、先ほどの壺はどんどん骨壷に見えてくる。

そして、どんどん中身は骨になっていく。

俺は、嫌なモノにつまずいたなあ、と凹む。

結局、俺たちはその壺の中身を見ることなく、ジェイソン村を後にした。

自動車へ戻る道中も、長尾はまだ浮かぬ顔だった。

「難しいなあ……」

腕を組んでつぶやいている。どうにも心の整理がつかないようだった。壺に後ろ髪を引っぱられているのだからそれも仕方がないだろう。

今回の村はいろいろおかしなことがあったが、何より物理的に険しかった。そぼ降る雨の中、何年も放置された藪の中を歩き回ったのだ。ずいぶん体力気力が奪われた。ホッとしたら急に疲れが吹き出てきた。

俺は自動車に乗り込むといつもより慎重に運転して、東京へ戻った。

ちなみに今日に至っても、壺の中身が何だったのかはわからない。

記憶を頼りに描いたMAP

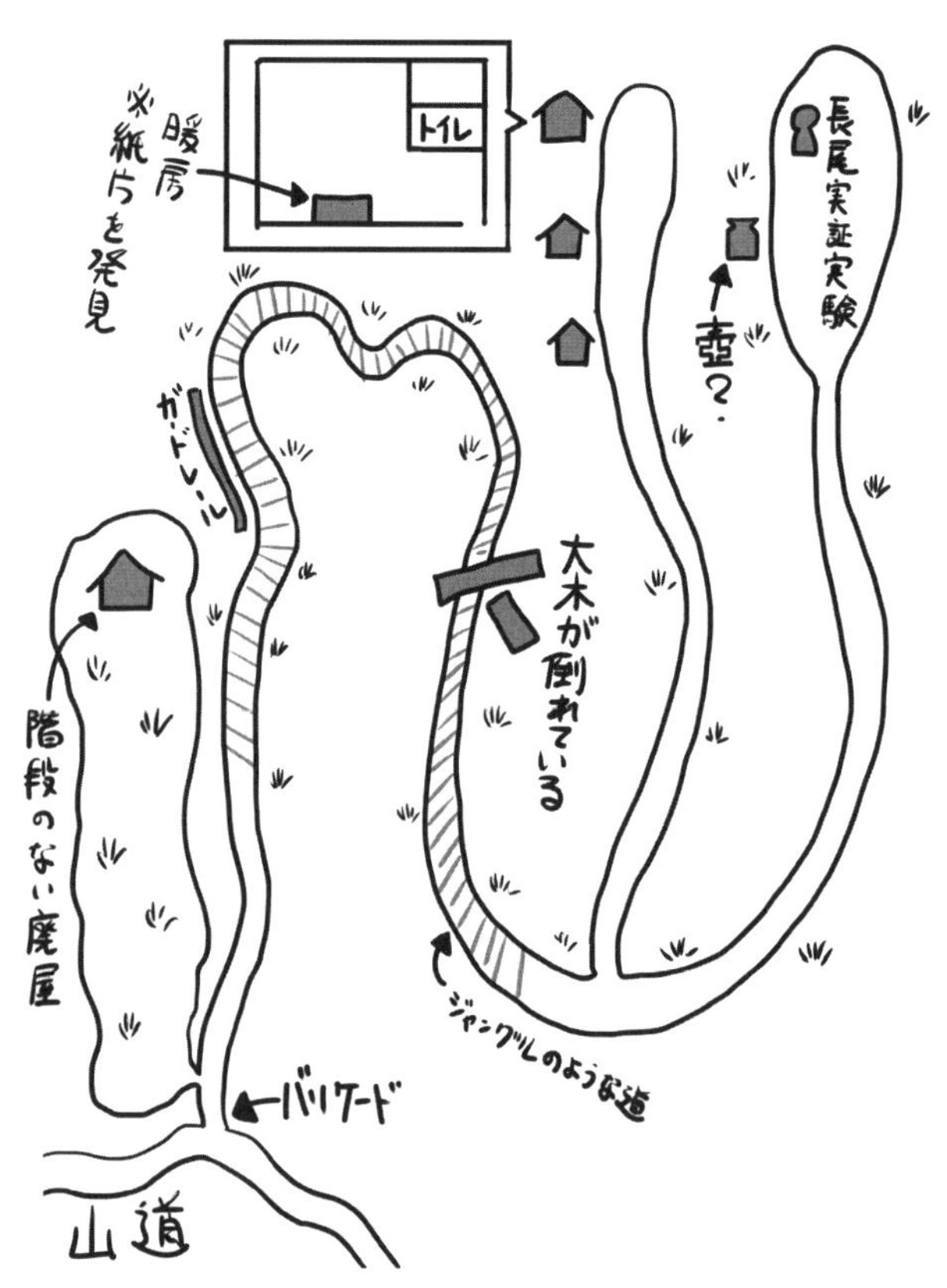

※実際のものとは違う可能性があります。

OFF SHOT

撮影後に撮った1枚。
予想を超えた生々しい恐怖に疲労困憊の面々。

9 章

謎多き廃ホテルで見つけてしまった最悪の部屋！
戦慄の現場に一同騒然……！

上高地別荘ホテル

［ か み こ う ち べ っ そ う ほ て る ］

茨城県水戸市にある廃ホテル。

ここは肝試しスポットとして地元で有名だが、どんな噂やいわくがあるのか一切不明である。

一説によるとここでホームレスの遺体が発見された事件があったそうで、それ以来ここは本当に危ない場所としてひそかにささやかれているそうだ。

知名度	C（まだ有名になっていない謎多きスポット）
恐怖度	B（雰囲気がある。それなりに怖い）
ゾゾゾポイント	4.5

今回の目的地は、茨城県である。

増殖する赤い糸の廃ストリップ劇場以来の茨城県への旅だ。

常磐自動車道に乗ってどんどん北上していく。高速を降りると周りは田んぼばかりになった。田舎町を走っていく。

水戸市森林公園に向かう道の途中で自動車を停める。周りを見ただけではわからなかったが、ナビの地図によると周りにはいくつものゴルフ場があるようだ。目的地も、真隣がカントリークラブだった。


いつものように内田が、スポットの紹介をはじめた。

「今回のスポットは『上高地別荘ホテル』と呼ばれる場所です。肝試し心霊スポットとして有名です。ただしどういう霊が出るとか、具体的な内容は一切不明です。ホームレスの遺体が発見されたという噂はあります」

肝試しに来ていた連中が、たまたま亡くなっていたホームレスを見つけたのだろうか？

廃墟や廃屋を探索していた人たちが、遺体を見つけたという話はまれに聞く。他人事ではない。俺たちもこうやって心霊スポットを回っていたら、いつ死体とバッティングするかわからない。そんなトラウマ必至な出来事は、ぜひとも回避したい。

今回も、俺、皆口、内田、長尾のいつも通りのメンバーで現場へ向かって歩いていく。少し進むとボロボロの看板が現れた。

「別荘ホテル 上高地 入口」と書いてあるのが、なんとか読める。

看板の裏手には廃屋があった。

ただ、とりあえずその廃屋はスルーして、道なりに進んでみることにした。ホテルがあったとは思えないような、土の道だ。草木が陰気な雰囲気で生い茂っている。

「そもそも、こんなところにホテルあるのね」

内田がつぶやいた。

たしかに、このあたりにはこれといった観光名所がない。何もない場所に泊まろうと思う人は少ないだろう。カップルが使うにしても田舎すぎる。近くにゴルフ場はあるが、ゴルフをプレイした後に近くのホテルに泊まることってあるのだろうか。まあ、だから客が入らずに廃墟になったと考えれば、矛盾はないのだが。

そもそも上高地とは、長野県の飛騨山脈の景勝地だが、なんで茨城県の田舎のホテルに上高地と名付けられているのかも謎である。

そんなことを考えながら歩いていたら、悪臭がふと鼻をついた。全員、顔をしかめる。

ここで道が二手にわかれていた。

とりあえず本道と思われる道へ進んでいく。廃屋がたくさん現れた。

ホテルと聞くとどうしてもビルのイメージがあるが、ここは広範囲に何棟も別荘風の宿泊施設が並んでいたようだ。

途中から、二手にわかれて調査をすることになった。

俺は内田と二人で廃屋を回る。実は内田とペアを組むのははじめてだった。

内田は超安全第一主義だ。

「そこ、危ないですよ！」

「崩れそうですよ！」

ことあるごとに大きな声で忠告してくれる。

そして、「音が聞こえる！」と何度も何度も言う。

ただ俺の耳にも音が聞こえることもあった。ここは田舎ではあるけれど１００メートルほど離れたところに普通の建造物はあるし、自動車もちょくちょく往来している。当然、車

の走行音などが聞こえてきても全然不思議ではない。だから、いちいち反応されるとちょっと面倒くさい。

やっと廃屋にたどり着いて中を見ると、天井や壁はすべて落ちてグシャグシャになっていた。ただ、鏡だけはなぜか健在で、俺らの姿を映していた。

「なんで鏡だけ無事なんですかね？　おかしくないですか？」

内田が怯えた声を上げた。まあ、そういうことだってあるだろう。

ホテルだけあって、おそらく10棟以上の建物があるようだった。建物の造りはだいたい同じで一つ一つの部屋は狭い。どこも経年劣化で、ボロボロに傷んでいた。つまりどの廃屋も大体同じような雰囲気だった。

そんな中で、変わった廃屋がないか探していく。

ある1軒で、内田が言い出した。

「……ここだけ臭わないですか？」

俺はわからなかったが、あたりを見回してみる。

すると、天井の穴が開いた部分に、ブルーシートが張ってあるのが見えた。

なんでここだけ、雨除けをしているんだろう？　と疑問に思う。廃屋になってから、雨漏りを気にしたって意味はないだろう。

「噂ではホームレスの死体が見つかったって言ってましたね？　ここですか……？　もしかして」

内田が問いかけてきた。

たしかにホームレスが公園や河川敷にテントを建てるときは、ブルーシートを使用することが多い。テント村などに行くと、ズラッと青い小屋が並んでいて壮観だ。

ただ、天井にブルーシートが張ってあるからといって、ホームレスがいた証拠と考えるのは安直すぎる気がする。

その部屋の探索を続けると、地面にスロットマシーンが落ちているのを見つけた。ラブホテルにはよくスロットマシーンが置かれているそうだ。なぜかというと、ラブホテルには法律上「自動精算機」が設置できない。だから代わりに「自動精算機の機能がついた両替機」を置く。だが、「なんのために両替機を置いているんだ？」と聞かれると困るため、カモフラージュでスロットマシーンを設置しているのだ。実際にラブホテル内のスロットマシーンで遊ぶ人はほとんどいないだろう。

スロットマシーンが落ちているということは、ここもラブホテルだったのだろうか？

内田と二人でスロットマシーンを調べていると、遠くから

「コン!!」

という音が聞こえてきた。

音がした方を見る。森だ。

音がした方向に導かれるように歩いていく。

「え……なんか、ここだけ空気冷たくないですか……？」

内田の言葉にうなずく。たしかに少しひんやりしたような気もする。

さらに進んでいくと、森のずっと奥の方に1軒の廃屋が立っているのが見えてきた。

その廃屋は、先ほどまでの建物とは少し趣が違った。コンクリートで造られた家で、古びているもののまだ生活できそうだ。

俺は上がり込み部屋を見た瞬間、声を上げてしまった。

「うわ、うわ、うわ、うわ、うわ」

「ううううーーわーーー！」

内田も悲鳴を上げる。

皆口&長尾

皆口と長尾も廃屋を見て回っていた。やはりこちらも崩壊が進んでいる建物が多い。

朽ち果てて、枠しか残っていないような、部屋もある。とにかくボロボロで、生活臭は消えている。

たしかに、薄気味悪いのだが、探しているものはこれではない。

皆口は納得できない表情だ。

「ホームレスがここで亡くなったっていう噂だけど、わざわざここに来て死んだというのは考えづらいんだよね。たぶんホームレスはここに住んでいたんじゃないかと思うんだよね。だったら絶対それなりに残留物があるんじゃないかな？　生活感を探したい」

だが、なかなかそのような廃屋は見つからなかった。

結局最初にスルーした、看板の後ろ側にあった廃屋を調べることにした。

先に足を踏み入れた長尾が言う。

「洋服があるんですよ……畳もあります」

たしかに残留物はある。生活感もこれまでの廃屋に比べたらある。……ただ、ホームレスが生活していたという感じはしない。

納得できないまま、皆口は一旦全員で合流することに決めた。

俺と内田は部屋の惨状に言葉を失っていた。

部屋はいわゆるゴミ屋敷になっていた。ゴミ袋が大量に山積されていた。それほど古い物ではなさそうだ。

まだ残飯などが残っているのか、ひどく臭う。そしてそういう有機的な臭い以外にも、焦げた臭いもする。

そして無数の虫がわんわんと飛び回っている。吐き気をぐっと堪える。

「噂の……ホームレスがいたのってここだよな……」

誰に言うでもなくつぶやいた。

ゴミ袋だらけの部屋の端に、物が置かれていないスペースがあった。ちょうど、人が、人寝られるくらいのサイズだ……。

ホームレスはそのスペースで寝ていたのかもしれない。

そして、そこで死んだのかもしれない。

ジットリと背中に汗をかいていた。

俺たちは、耐えきれなくなって外に出た。

そして考える。この場所を発見したと言えば、皆口はここで実証実験をやりたがるだろう。

順番的に俺がやらされる可能性は非常に高い。

本当に、なんとしてもこの部屋に入るのは嫌だった。俺は内田を説得することにした。

「俺は汚いのダメだし、普通にここ嫌だわ……。まーくんも嫌じゃん？」

問いかけると内田は、自分もここで実証実験をやるのは嫌だと答えた。

「見なかったことにしようか」

俺の提案に内田はうなずいた。

「僕たちは何も見ていない」

自然に言えるように二人で何度か練習する。

後からこの映像を見たら、皆口は怒るかもしれない。

ただ、後先なんか考えていられない。今、どうしても回避したいのだ。


先ほどわかれた地点で全員が集合する。

皆口は、廃屋を調べたが、ホームレスがいたような形跡は見当たらなかった、ということを俺たちに話した。

そのとき、また遠くで
「コンッ」

という音がした。ゴミ屋敷があった方角だ。俺は内心、ギクリとした。

「ちなみにそっち側は何もなかったんですか？」

皆口が聞いてきた。俺は顔色を変えないよう気を配る。

「こっち側は何も見てない」

自然に言えた……と思う。

しかし、長尾が俺の顔をジッと見た。

「落合さん、テンション低くないですか？　何かを隠してるような……。二人とも……。何か見つけたっすか？」

一発でバレた。

長尾、勘がよすぎるだろ。こんなときに、いきなりシャーロック・ホームズばりの洞察力発揮するんじゃないよ。

結局二人に詰められた俺は、音がする方向に家があることを伝えた。

「でもなんもないけどね……本当に。あんまり行っても意味ない気がするんだけど」

廃屋に到着すると、皆口がやや怒り口調で言った。

「めっちゃがっつり建物あるじゃないですか」

そして、部屋の惨状を見て二人とも驚愕した。

一旦外へ出て長尾が言う。

「今まで行ったところと、レベルが違うっすね……」

「……噂の場所って絶対ここだよね？」

皆口は、俺の方を見た。

「これ誰が行くべきかなあ？　落合さん……」

ああ危惧していた、一番嫌な展開になってしまった。

「別にいいけどね？　行けって言うんなら、もともとそういう気持ちだったし」

俺は腹をくくって、一人でゴミ屋敷の中に入った。


ゴミを踏むのが、あまりにも気持ち悪い。嫌悪感から体中に鳥肌が立つのを感じた。進んでいくと、ホームレスが寝ていたと思われる場所だけが、焦げているようだった。ひょっとして火の不始末とかで亡くなったのだろうか？

心霊現象なのか、時折ドンドンと変な音もする。

先ほど、俺と内田チームも、皆口と長尾チームも、「コツン」という音を聞いている。そして、その音の方角にはこの建物があった。亡くなったホームレスは、音を立てることで自分の存在をアピールしたかったのだろうか。

しかし、もう心霊現象が怖いという繊細な気持ちはなくなってしまっている。ただただ気持ちが悪い。ひたすら不愉快だ。いるかいないかわからない霊よりも、体にペタペタと止まってくる小さい虫の方がずっと嫌だ。

壁に布団が吊るされているのだが、呪いを具現化したかのような、ものすごい色になっている。

皆口には30分いろと言われたが、10～15分くらいで耐えられなくなった。崩れた壁の隙間からこちらを撮影している皆口に声をかける。

「もう出たい。一刻も早く出たいです。もうそっちから撮ってるからいいでしょ。中からの画（え）、いる？」

外に出ると、なぜか長尾がガン泣きしていた。泣きたいのはこっちだよと言ってやろうと思ったら、急に花粉症の症状が出たという。たしかに目に見えるくらい、花粉が飛んでいる。俺も花粉症だから長尾に続いて、グズグズになった。気分はもう最低だった。

ただまあ、夏場じゃなくて本当によかった。まだ肌寒い季節でこれなのだから、暑い時季だったらいったいどうなっていたことか……。

もっとも、夏ならもっと強く拒否していたと思うけれど。

記憶を頼りに描いたMAP

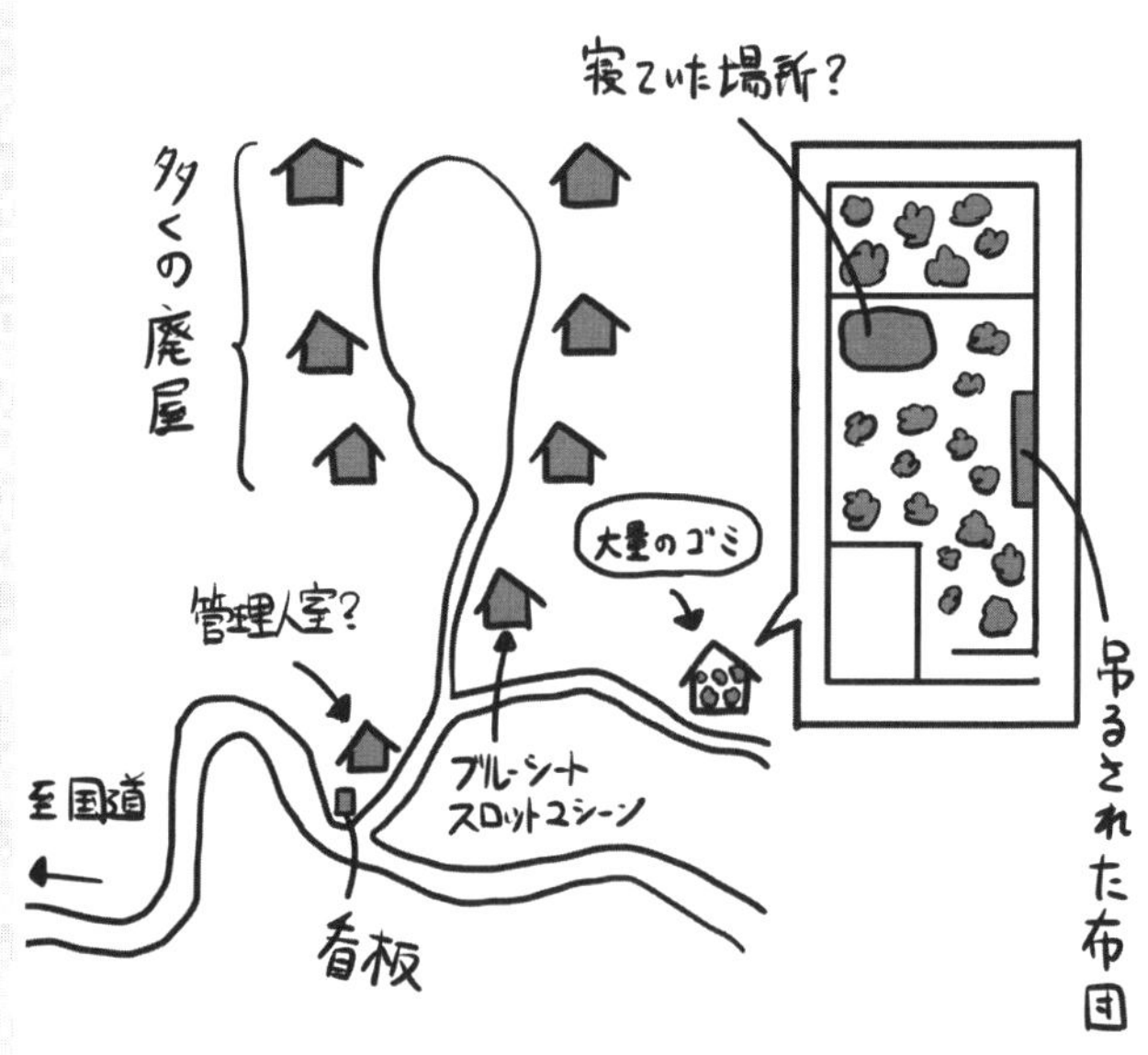

※実際のものとは違う可能性があります。

OFF SHOT

撮影後のコンビニで1枚。
花粉症発動のしょうちゃんは箱ティッシュを購入。

10章

伝説の心霊スポットに潜入！
恐怖の迷宮で最後の大捜索スペシャル！

信州観光ホテル

［しんしゅうかんこうほてる］

長野県千曲市にある廃ホテル。

中部地方最大級の規模であり、全国屈指の肝試しスポットとして有名。不自然に増改築を繰り返した建物内は複雑な構造となっており、「恐怖の迷宮」とも言われている。

２０１８年の８月から解体工事が開始されたが、なぜか２０１８年の秋頃から止まったままとなっている。

知名度	A（全国的に知名度の高い超有名スポット）
恐怖度	A（雰囲気がヤバい。呪われそう）
ゾゾゾポイント	5

今回の目的地は長野県だ。

長野といっても広いが、長野駅から20キロほど南に向かっている。千曲川沿いにある、信州戸倉上山田温泉という温泉地に向かって車を走らせる。関越自動車道と上信越自動車道を経由して3時間ほどかかる、かなり面倒くさい距離だ。

ただそれにもかかわらず俺は上機嫌だった。それは、今回がゾゾゾの最終回だからだ。心霊スポットになんの興味もない俺が、1年にわたって50カ所ほどの心霊スポットを回った。おかげでいつの間にか、すっかり心霊スポット通になってしまった。思い返してみると、ハードな1年だったと思う。

それもこれも今回で終わりだと思うと、自然に鼻歌でも歌いたい気持ちになる。

そして、とっぷり日が暮れた頃にようやく現場に到着した。


狭い路地が網目のように走る街だった。

温泉利用者向けの旅館や、おみやげ屋、食堂、スナックなどがパラパラ並んでいる。

その小さな街の一番目立つ高台に今回の目的地はあった。

もう4月だったが、日が暮れるとまだ肌寒く感じる。高台のせいもあって、外へ出ると風が強い。

内田が、粛々と説明をはじめた。

「ここは『信州観光ホテル』という全国屈指の心霊スポットです。不自然に増改築を繰り返した館内は複雑な構造になっていまして、恐怖の迷宮とも呼ばれています。2018年の8月から解体工事が開始されたのですけど、なぜか2018年の秋頃から工事は止まったままになっています」

その廃墟は巨大だった。闇夜にそそり立つ壁のようなビルはとても禍々しい。

街の一番目立つ場所にドーンと廃墟があるのだから、景観も著しく悪い。

「デカすぎるでしょ……」

俺は、すっかり気圧されて苦笑いをしながら言った。いったいここを探索したら何時間かかるのか……。さっきまでの、軽くハッピーな気持ちなど消し飛んだ。

メンバーは、俺、皆口、内田、長尾のいつも通りの顔ぶれだ。

俺たちは恐る恐る、中部地方最大と言われる心霊スポットに足を踏み入れた。

廃ホテルに近づいていくと、すでに解体工事がはじまっているというのがよくわかった。すでに所々は重機が入っているらしく、虫に食われたようになっている。建物の近くには、廃棄物やガレキが仕分けされて山積みにされていた。

「ここまで取り壊しをしているのに途中で工事が止まったってことですよね？」

長尾の問いかけに、皆口が答えた。

「絶対何かあったんだと思うんですよ。では、元気よく突入していきましょう‼」

コイツの元気はどこから出てくるんだ？

俺たちは坂道を上り、たまたま開いていたところから建物内に入った。

壁や天井は剥がされて、コンクリートがむき出しになっている。すでにかなり工事が進んでいるフロアのようだ。

廊下はとても長く奥の方まで見通せた。

推測で１００メートルくらいはありそうだ。

「この建物の中は、迷宮のように入り組んでいるという話です。だから今回も二手にわかれて突撃したいと思います」

そんなに入り組んでいたら、二手にわかれたらもう会えなくなるんじゃないの？　と不安になる。

俺と皆口は今いる階（この時点ではわからなかったが4階だったようだ）から下を、内田と長尾は上を調べることになった。


潜入した階の廊下を慎重に進んでいった。

元は客室だった部屋がズラッと並んでいる。最奥は広々した空間だった。

「入って早々なんですけど、めちゃくちゃ物音しません？」

部屋に入った途端、皆口が聞いてきた。たしかに風なのか動物なのか霊なのかわからないけど、音が聞こえるし気配も感じる。

部屋は元は厨房のようだった。壁には業務用の大きな冷蔵庫が並んでいる。恐る恐る開けてみると、中には段ボールやプラスチックケースが転がっていた。特に腐っているということはないようだ。

部屋の真ん中には大きなフレコンバッグが置かれ、その中には調理器具などが捨てられていた。

殺伐とした雰囲気が漂っているが、ドロドロした生活感はない。途中で見つけた階段を足元に気をつけながら下りる。ここは何階なのだろう。

窓枠からはぼうぼうと雑草が生えていた。どれだけ放置されたらここまで草ぼうぼうになるのだろう？　高台にあるので眺めはとてもよく、小さな温泉街の全貌が見渡せる。開放感を得て、少しホッとした気持ちになる。

廊下を進むと、コンテナに廃棄物らしいものがまとめておいてあった。探っていると、当時の館内案内図などが出てきた。おそらく昭和に撮られたであろう当時の華やかな雰囲気に、少しノスタルジックな気持ちになった。

「ギャアアアアアアア‼」

突然、赤ちゃんの泣き声のような声がしてきてギョッとした。

「え？　え？　なになになに？　なんの音？」

あまりに大音量で聞こえる。

さらに、嫌がらせのように壁をドンドンと叩く音や、ギイィィィギイィィィと動物が鳴いているような、ドアが開け閉めされているような耳障りな音が聞こえてくる。

もう、「気配を感じる」とかそういうレベルではない。嫌がらせされているような気分だ。

「ギャアアアアアアア‼」

「ギャアアアアアアア‼」

「ギャアアアアアアア‼」

「しょうちゃんたちの音……ではないですよね」

「なんか鳴いてる？　俺ら以外に誰かいるのかな？」

「ちょっと……一旦戻りましょうか」

二人でボソボソと話す。

階段まで戻ったところで、皆口は階段脇の壁に四角い穴が開いているのを見つけた。

「あれ？　そこ……ひょっとして開きます？」

「え？　壁じゃない？」

忍者屋敷じゃないんだから、開かないだろうと思いつつも押してみると、アッサリと壁が開いた。本当に壁に見えるドアだったのだ。

ドアの向こうにも、建物が続いていた。

ただ雰囲気はガラリと変わる。物が大量に残されているのだ。室内にはまだ畳が敷かれていて、机、座椅子、鏡台などが乱雑に転がっている。調理道具や食器などもそのままだ。従業員の私物だったような物も混じっている。すべては厚い埃をかぶっていて、とても気味が悪い。

「……急に生々しくなってきましたね」

皆口が言う。

進んでいくと不自然な位置に小部屋があった。

中をのぞくと、長い鉄のハシゴが設置されていた。

ハシゴの上はベニヤ板で閉じられているため進めないが、おそらく外に繋がっていたのだろう。ハシゴの周りに落ち葉が堆積しているのが見える。

俺は、アドベンチャーゲームのようなシュールな光景に思わず笑ってしまった。それにしても、さっき見つけた館内表示によると、たしかここは3階のはずだ。なぜハシゴを登った先に地面があるのだろう？

あまりにも構造が複雑なため、すでに俺たちは位置感覚を見失っていた。

そうやって探索している間にも常に、人の気配がする。足音が聞こえたり、ドアが閉まる音が聞こえる。かなりナーバスな気持ちになっているときに、皆口が廊下の先のドアの向こうに何かが見えると言い出した。

「あそこ、なんですか？　ひ、ひ、ひ、人じゃないか？　あれ？」

マンガのようにつっかえながら話す。

俺は何も見えないので「わかんないよ」と言う。ただ、先ほどからさんざん大きな物音は聞こえてきているわけだから、リアルに人がいる可能性は大いにある。そして、皆口が指し示すポイントを見続けていると、たしかに人がいるような気持ちになってきた。

「すいませ〜ん‼」

「すいません‼」

二人で人影に向かって声をかけ続ける。端から見たらマヌケな光景だが、本人たちはいたって真面目だ。

何の返答もなかったので、俺たちは恐る恐るドアまで進んでいった。

近づいてみると、ドアの先は外だった。地面には落ち葉が積もっている。そしてすぐ脇は崖になっていた。木々を人影だったと見間違えた……と思い込もうとしたが何か釈然としなかった。

それにしても、やはり建物の構造がさっぱりわからない。

さらに先に進んでいると、長尾から電話がかかってきた。

「まーくんの照明がいきなり消えちゃったんですよ」

内田＆長尾

内田と長尾は4階から上の階に移動する。

エレベーターがあったが、当然稼働はしていない。ドアの隙間から下をのぞいてみると、ずっと下まで穴が続いているのが見えた。ゾッと足がすくむ。

落合たちが下りた階段とは別の階段を見つける。すでに取り壊しの工事がはじまっていたようで、手すりは壊されてしまい非常に危ない状態になっている。螺旋階段なので真ん中の穴は、おそらく1階まで吹き抜けになっている。もし足を滑らせて落っこちたら命の危険もあるだろう。

心霊スポットである前に、死がとても間近にある危険スポットだ。緊張感がヒリヒリと高まる。

足元に気をつけながら上に進んでいく。上階は下の階よりさらに工事が進んでいた。壁も床も窓も完全に外されて空っぽになっている。多くはないが、スプレーでの落書きも見られた。

7階を探索した後に、さらに階段を上がると屋上に出た。屋上も他の階と同じように殺伐とした雰囲気だった。

ただ、屋上からの眺めはとてもよく、人心地がついた。しかしくつろいでいると、どこからか音が聞こえてくる。ガーン!! とドアが閉まる音が聞こえたり、人の歩いているような音が聞こえてくる。

「他にも探索している人がいるのか？」

長尾たちも、落合たちと同じことを考えた。心霊現象にしては音や気配が大きすぎるのだ。

4階より上は基本的にはガレキばかりだったので、探索は落合たちより早く終わった。4階に戻ろうかと思っていると、内田が持っていた照明がいきなり消えた。

「ん？　あれ？　ちょっと待って……」

慌ててカチカチと電源を押すが、うんともすんとも言わない。プロ仕様の頑丈なライトが急に壊れるというのもちょっと信じがたい。所々に穴が開いているようなとても危険な建物だ。メインの照明を失ったまま探索を続けるのも危ない。

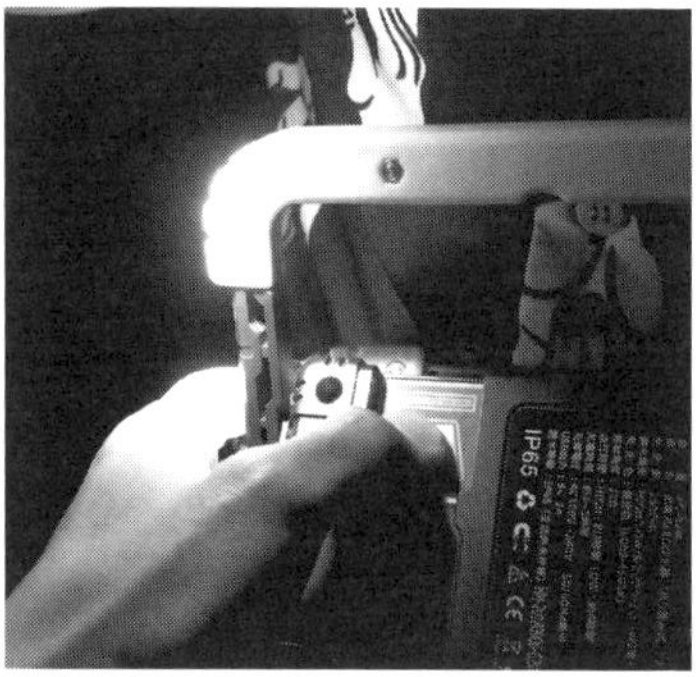

長尾は、落合に電話をかけた。

「まーくんの照明がいきなり消えちゃったんですよ」

内田の照明が落ちていることを落合に伝えると、4階の奥にある厨房で合流しようと提案された。長尾たちは厨房を見ずに上の階に向かったので、厨房はまだ行っていない。小さいライトを頼りに進む。あまり広範囲を照らせないので、極めて慎重に歩くしかない。

床ばかり見ていたら、厨房にたどり着く直前、長尾が地面に何かを見つけた。床に白い塊がある。

「あれ？　なんだ？」

よく見るとそれは崩れた盛り塩だった。塩を玄関先や家内に置いて魔除け、厄除けをするあの風習だ。営業当時に置いたものではない。工事関係者が置いたのだろうか？

……ということは、塩を置くようなできごとが作業中に起きたということだろうか？

長尾が眉間にシワを寄せていると、内田の照明が急に光を取り戻した。

「あ？　ついた」

内田が戸惑っていると、ちょうど落合たちが戻ってきた。

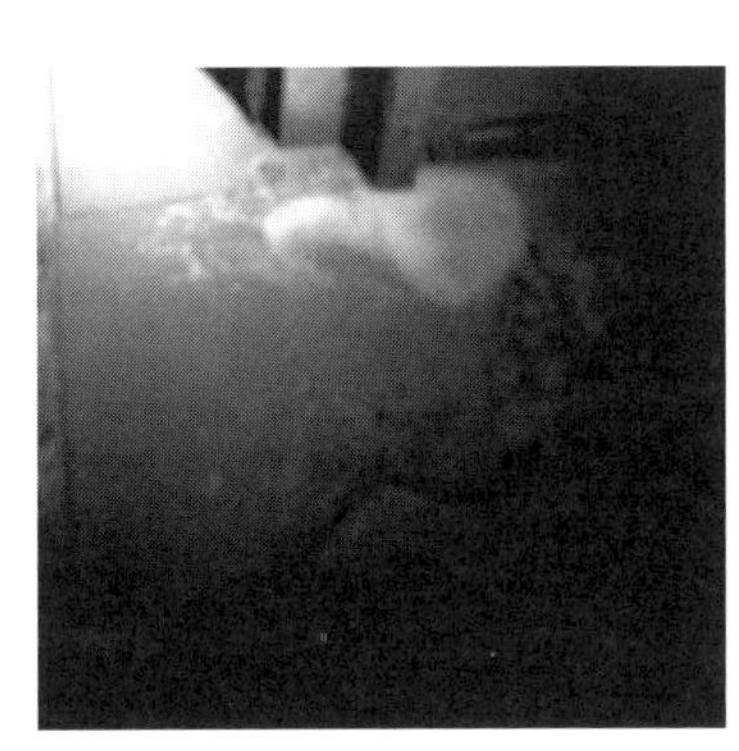

厨房で四人顔を突き合わせて、情報を照らし合わせる。

どちらのチームも、ずっと人の気配を感じ続けていたということがわかった。あまりに普通に足音やドアの音が聞こえてきていたので、他にも肝試しに来ている人たちがいるのかと思っていたが、長尾は音がついてきている気がするという。心霊現象ではないか、ということらしい。厨房の入口で盛り塩も見つけたそうだ。

「取り壊し工事を中止せざるをえない、何かがあったかもしれないですね？」

けれど、ここまではっきり音が聞こえる心霊現象なんて、あるのだろうか。

どうにも、不穏な雰囲気が漂ってきた。


広くて入り組んでいるので、ここからは四人で再び、探索をはじめることにした。

3階の先ほどの隠し扉から、先へ進んでいき、階段で2階に下りる。

「2F展望館　SKYRARE　ROOM201～204」とプレートが出ていた。展望館は最上階に作るものではないのだろうか、なんてことを考えながら奥に進んでいく。

押し入れのようなものがあったので、開けてみると「非常口 FIRE EXIT」と書かれた緑色のプレートが貼られていた。

押し入れの中になぜ非常口の案内が⁉　みんなの頭にクエスチョンマークが浮かぶ。適当に建物を繫げたために、もともとあった非常口が押し入れの中になってしまったのかもしれない。

それ以外にも無理な増改築の跡はそこら中に見られた。ある廊下の突き当たりでは、ふすまの上に扉があり、階段もないのに部屋になっていた。2メートルほどの高さなので、入りようがない。そして、部屋の前にはしっかり塩が盛られている。

カメラを突っ込んで部屋の様子をうかがってみると、天井に電気の配線や水道の配管が通っているのがわかる。壁にはブレーカーもある。小窓があり、ゴザなどの備品が放り込まれている。どうやら物置のような使われ方をしていたようだが、なんとも変な部屋だ。

非常口

そして、ただの物置なら、なんでわざわざ塩を盛ったのだろうか？

長々と探索して、やっと1階まで下りてくる。

天井や壁などが異様に入り組んでいる部屋があった。まるで建物自体が意思を持ち、部屋を自動生成で作っている途中のような光景だ。どう見ても、きちんと設計されて作られた部屋ではない。

そしてここは木造建てなのだ。入った場所は完全にコンクリート製の建物だったが、いつの間に木造に変わったのだろう。

「こちらの木造建ての部分が最初に建てられていたのかもしれませんね。そして、どんどん増築して継ぎ足されていったのかもしれないですね」

長尾が推論を述べた。

木造建てのホテルにコンクリートで増築していくか、普通？　謎だらけだ。

木造の部分は、これまでよりも、ずっと荒廃が進んでいた。階段が完全に壊れて先に進めない場所もあった。

階段を下りると、さらに部屋があった。ドアを開けたところで俺は、ひどく狼狽してしまった。

またもや地面に盛り塩があったのだ。ちょっと嫌だな？と思う場所をチェックすると、塩が盛られている。これは偶然ではあるまい。


そうして先に進んでいくと、さらにすさまじく不気味な部屋を発見してしまった。

畳敷きの部屋なのだが、部屋の奥の半分ほどの畳が腐って抜けている。つまり大きな穴が開いた状態になっている。

上から何か大きいものが落ちて突き抜けたように見える。しかし、天井を見ると、多少傷んでいるものの抜けてはいなかった。いきなりこの階の畳だけが抜けるとはおかしな現象だ。

下の部屋はどうなっているのか。すでに自分がどこにいるのか見失っていたが、俺たちは階段でさらに下の階層に潜っていった。

地面が抜けていた部屋の下の部屋は、さらにボロボロに崩壊していた。天井は完全に抜けており、床も大きな穴が開いていた。どこかから水分が落ちてきたのか、壁や床もグズグズに腐っている。

「ここにいちゃダメだ‼」

頭の奥で警報音が鳴る。もう戻ろうと言いかけたところで、皆口が言った。

「ここで実証実験をやったら、工事を中断せざるをえなくなった理由がわかるかもしれません。ここ絶対何かあったでしょ？　落合さんに実証実験をやってもらって確認したいです」

最終回だから、俺が実証実験やることになるとは思っていたが……最悪だ。ボロボロ、和室、謎の穴、盛り塩とこれまでにない不穏な部屋だ。ここだけは勘弁してほしい。

けれど非情にも、カメラを渡し、三人は部屋から出ていった。

とにかく室内はひどい状態だった。

まず恐ろしく空気が悪い。埃まみれで、目や鼻がすぐに痒くなった。

床に開いている穴は墨で塗ったように真っ黒に見える。見ていると闇に引きずり込まれそうな気持ちになってきたので、極力見ないようにした。部屋の端に移動して、穴を背にしてじっと縮こまっていた。

しかし、俺を挑発するように音が聞こえる。どこから音がするかを確認すると……、音は穴の底から聞こえてきていた。そして、穴の底からは人の気配も感じた。

「ちょっと待ってちょっと待って……いや、これ本当にヤバいかもしれない。振り返りたくない。穴が見れないんで、出ます」

カメラに向かって一人話す。

俺は30分も我慢ができず、みんなが待機する場所に戻ってきた。

俺の深刻そうな表情を見て、皆口が、みんなで行ってもう一度見てみようと提案した。

四人で穴の近くまで戻る。穴をライトで照らして、皆口が言った。

「下に扉がある！」

穴を塞いでいた襖などを持ち上げてズラしてみる。穴の底をライトで照らすと、そこにはたしかに扉が見えた。どうやら、廊下のようだ。

つまり、さらに下の階があるということだ。

どこまで下があるんだ？　空恐ろしくなってくる。

ただ下に空間はあるものの、そこへ下りる階段はない。

部屋の隅にあった扉を開けると、外に繋がっていた。

四人で10分ほどあちこちを捜索したのだけど見つからない。

「ひょっとして外に階段があるのか？」

外に出て探していると、人が一人通れるくらいの洞穴が開いていた。

「え？　何これ？」

長尾が言う。

とにかく構造が謎すぎる。わからなすぎて気持ちが悪い。

洞穴は、地面を掘って作った地下室の入口のようだ。木

製の頼りがいのない階段を下りて地下へ潜る。天井はまっすぐ立てないくらい低い。狭い廊下に粗末な扉が二つある。その部屋の前には張り紙があり、名前が書いてあった。おそらく、従業員だった人の名前だろう。

こんなに狭くて息苦しいところで、寝泊まりして働いていたのだろうか？

部屋には、布団と服と靴が残されていたがあまり散らかってはいなかった。

廊下の天井を見上げると、先ほどの穴が見えた。

あまりに陰湿な空間で、そこにいるだけで鬱々とした気持ちになってくる。

内田が、「頭が痛い」と言い出した。内田がそういう状態になるのはいつものことだが、俺もあまりに埃っぽい場所にいすぎたせいで目が真っ赤になった。

「ここは見つけちゃダメだ。入っちゃダメな空間だよ」

「すぐに出ましょう。早く戻りましょう」

皆口と俺は口々に言いながら、逃げるように、建物を抜け出した。

信州観光ホテルは、足音が聞こえたり、気配がしたりと、霊現象っぽいものはあった。たしかにあったのだが、いつの間にか途中から「心霊スポットを探索している」という感覚はなくなっていた。「ラビリンス」や「ダンジョン」をさまよっている、という感覚になっていた。

「霊が出たら怖い」という以上に「出られなくなったらどうしよう？」という、洞窟に迷い込んだような恐怖感もあった。

実際、サクッとは帰れなかった。自分がどこにいるのか完全に見失っていたので、来た道を四人で探しながら行きつ戻りつし、なんとか入ってきたところから外へ出た。

探索をはじめて4時間以上過ぎていた。

高低差も激しいし、緊張感もあったので、みんなヘトヘトに疲れていた。外へ出たときの開放感は半端なかった。

広さも不思議な現象も圧倒的なボリュームのこのスポットは、最終回にふさわしかっただろう。「やりきった！」という達成感に浸る。

ゾゾゾがはじまってちょうど1年くらいで、全24回の収録を終えた。これで、もう行きたくもない心霊スポット巡りに付き合わされることはなくなるのだ。

これで怖い場所へも、汚い場所へも行かなくてすむと思うと大きな安堵感に包まれた。24

回も本当に収録できるのかずっと心配だったが、無事に最後まで走りきれて本当によかったと思う。

俺は、とても晴れ晴れとした気持ちで東京へ帰還した。

だが後日、皆口から、セカンドシーズンをはじめると連絡がきたのであった。

記憶を頼りに描いたMAP

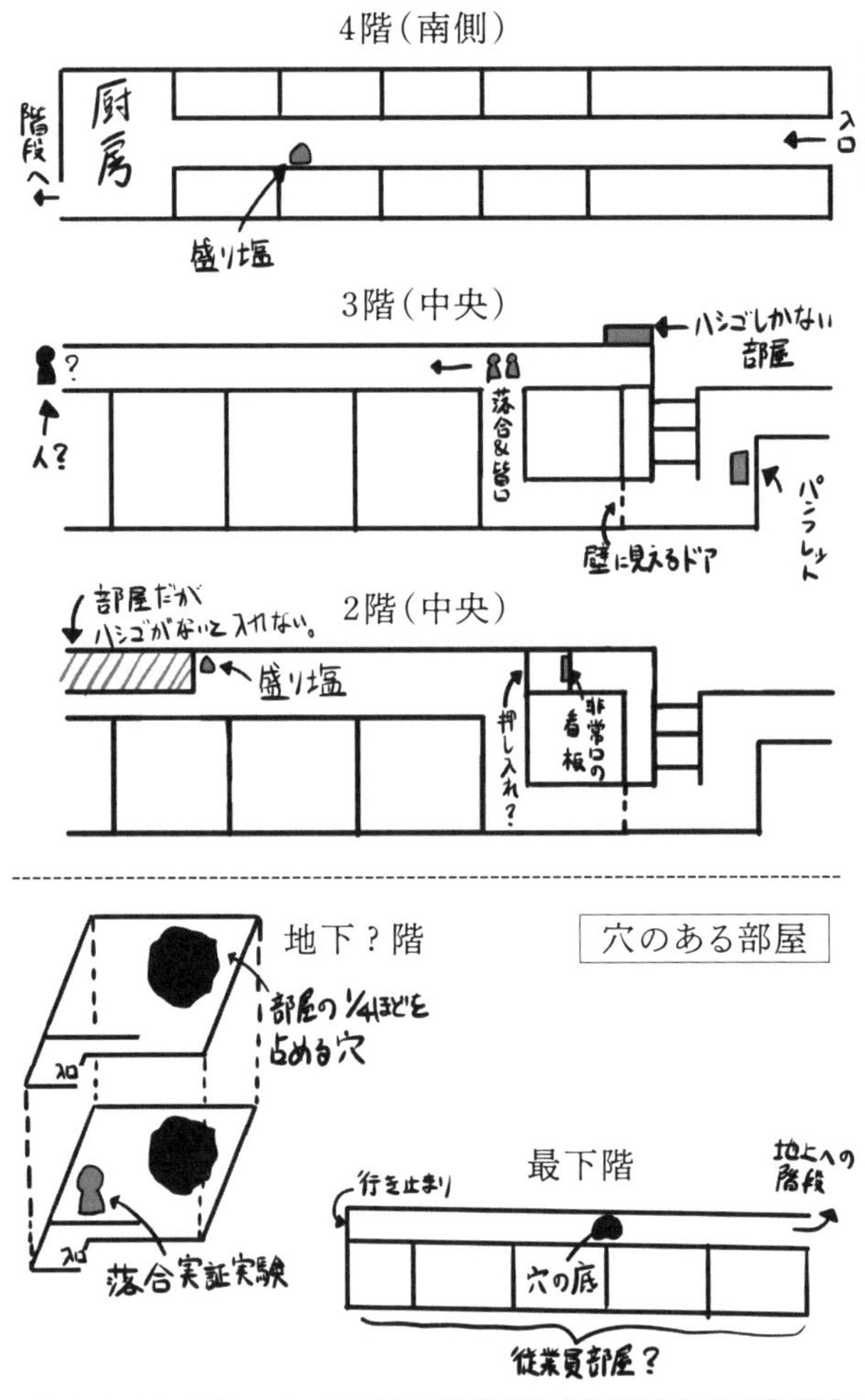

※実際のものとは違う可能性があります。

OFF SHOT

撮影前に撮った1枚。
あまりの巨大さに途方に暮れる俺と
気合十分のまーくんとしょうちゃん。

ゾゾゾメンバー大集合！

スペシャル座談会

SPECIAL SYMPOSIUM

ゾゾゾの発足当時のことから撮影の裏話、印象深いゾゾゾスポットなど、今まで語られなかった秘蔵エピソードを交えながら、メンバー四人にファーストシーズンの思い出を語っていただきました！

――さっそくですが、ゾゾゾの発足当時のお話を聞かせてもらえますか？

皆口　心霊スポットを網羅した食べログみたいなサイトがあったらいいな～と思ったんです。ただ、心霊スポットは取り壊されていたり、封鎖されていることが多いんですよね。信頼できる情報を得るには、実際に自分で足を運ぶしかないと思いました。ただ一人で回るのはつまらないですから、身近にいる落合さんを巻き込もうと。「こういうサイトを立ち上げたらいい感じになるんじゃないですかね？」と、ビジネスっぽいトークで切り出しました。

落合　第1回の石神井公園のときには、皆口くんに「お酒を飲んでこないでくださいね!!」って言われてたんだけど、飲んで行っちゃいましたね（笑）。心霊スポットに行くなら、景気づけに気を大きくしておかないとダメだなと思って仕事終わりに一人で飲みました。

皆口　落合さんの精神的な弱さが一番見えた回でしたね。それ以降は1回もお酒を飲んできたことないですよ。そんなこんなで第1回をやってみて、自分の負担がすごい大きいなあと思ったんです。それで、高校時代の旧友を誘うことにしました。

――内田さんと、長尾さんですね。ゾゾゾでは四人のキャラクターがとても際立っていると思うのですが、狙ってキャスティングされたんですか？

皆口　他の人にも「毎回一人ずつ出演者が増えていくスタイルがすごいね」って褒めていただいたんですが、本当にたまたまなんですよね。まず、まーくんに声をかけたら快諾してくれました。しょうちゃんとはしばらく音信不通だったんですけど、彼のお店に行ったときに心霊スポット回るこんな企画やろうと思ってるんだよって話をしたら、「僕も参加したいです」と言ってくれました。

長尾 もともと廃墟が好きなんですよね。朽ちていくかっこよさとか、綺麗さとか。廃墟巡りなら、お金にならなくても参加したいです。

皆口 ただ、落合さんに「長尾っていう者をスペシャルゲストとして参加させたいと思うんですけど」って言ったら「……面白いんだったらいいけどね」って、全然乗ってこなかったんですよ。

落合 そりゃ知らない人と会話してやれるかなあ？と思うでしょ。畑トンネルではじめてしょうちゃんと対面したときは「ヤバいヤツ来た!!」と思ったよ（笑）。でも、俺だったら言えないような解説をしょうちゃんがしてくれたり、リアクションをしてくれたりする、今となってはかけがえのないメンバーです。

――押しも押されもせぬ人気チャンネルになったゾゾゾですが、初期はほとんど見られていなかったと聞きました。本当ですか？

落合 あんまり覚えてないですけど見ている人、十数人でしたよ。こんなに見てる人少ないのになんでこんなにガチな収録してるんだ？って思ってた（笑）。

皆口　『はじめてのゾゾゾ』（２０１８年10月に公開した動画）のときにチャンネル登録者数が１５０人いったのを祝ってますからね。視聴者数が１００人いたら喜んでいたくらいでした。落合さんには、ビジネスの話として持ちかけてますから、いつ打ち切りを切り出されるかハラハラしてました。

落合　モチベーションがね（笑）。なんのために行くんだっていう。

皆口　それで第12回のときに一気に視聴者が増えましたね。最初は炎上してるのかな？　と思いました。１日１０００人くらいずつチャンネル登録者数も増えていきました。

長尾　でも、実感は全然ないんですよね。やってるこっち側は変わらない。

皆口　自分は、落合さんがチャンネル登録者を違法に買っているんじゃないかと疑ってました。偽装工作して増やしたんじゃないかって。

落合　皆口くんはいまだに、俺が偽装工作したって疑っているフシがあるよね（笑）。

――ゾゾゾは、落合さんのノリの悪さ、「心霊スポットは好きじゃないのに嫌々行っている」

という感じが特徴ですね。

内田　上高地別荘ホテルで、落合さんがゴミ屋敷になってる場所を発見したのに、『僕たちは何も見ていない』と言おう」と言い出したのにはビックリしました。「マジで言ってるのこの人？」って。ディレクターに、ウソを突き通せるわけないですからね。

落合　あのときのまーくんには、ウソを突き通そうっていう気力を感じなかった‼

内田　もしあの場でウソを突き通したら、編集のときに皆口くんにバレますからね。どうせバレるなら今がいいなって思ってましたよ。

長尾　でも、むしろまーくんより、落合さんの様子の方がずっとおかしかったですけどね。落合さんに「そっち側は何もなかったんですか？」って聞いたら「何も見てない」って答えたんですけど、そのトーンが実に不自然で……。この人、何か隠してるなって一発でわかりました。

落合　そろそろ自分が実証実験やらされるな、って感じてたから。あのときは、本当にやりたくなかったんだよね。

――実証実験はみなさんやっぱりガチでやられているんですよね？

長尾　ガチですね。廃墟は好きなんですけど、それでもやっぱり「ここはさすがに怖いな」と思う場所はあるんです。すごい悲しくなったり……。で、そういうときに限って、実証実験行ってきてって言われる。そこで「やりたくない‼」って駄々こねても意味がないから行きますけどね……。

落合　実証実験のときは、結構距離を離されるからね。すごく心細くなるんだよね。

長尾　鉄のドアを閉めちゃうと、全く外の物音が聞こえなくなりますよね。叫んでも聞こえないんじゃないかと怖くなるんですよ。

皆口　外だって暗いですからね。実証実験の間、待ってるのだってそれはそれで怖いんですよ。ある意味、イーブンですよ。

落合　絶対、イーブンじゃないよ!!

内田　僕は怖い作品とかは好きなんですけど怖がりなんですよね。ファーストシーズンの実証実験では全くいいところ見せられなかった。

落合　ダイアナ研究所は早かったよね!!　行ってすぐ帰ってきた感じ。あんなに早いのは、後にも先にもないよね（笑）。

内田　それが本当に悔しくて。二人（落合と長尾）が頑張ってるのに、裏方の俺が頑張らなくてどうするんだって思って。次に実証実験を振られたら、せめて10分はいきたいな、と思ってます。

落合　たぶん、まーくんの心身ともに弱ってきたタイミングで実証実験を振られると思うよ。

――内田さんは、除霊を名目に何回か休んでらっしゃいましたが、本当にお祓いに行ってらしたんですか？

内田　お祓いは値段が安ければ受けました。由緒正しい神社は、境内にいるだけで浄化されるって聞いたので、お祓いの値段が高い神社は除霊のために境内を歩いてますね。

皆口　ファーストシーズンの最後の方、まーくんが精神的に参っちゃったんですね。一度なんか行きの途中でコンビニに寄った際、アジシオを買ってきたんですよ。それで車中でペロペロなめはじめたんです。

落合　「え？　こいつ何やってんだ？」って思った。心霊スポットより、塩をなめるまーくんの方が数倍怖かったよ（笑）。

内田　アジシオが効くって聞いたんですよ!!

――かなりの回数心霊スポットに行ってらっしゃいますけど、霊障のようなことが起きたことはありますか？

長尾　悪いことが起きたのを、霊のせいにしちゃえば腑に落ちますからね。だから霊障が起きたとも言えるけど、でも全部霊のせいにしちゃってもどうかと思いますしね。

みんなそれで事故るんだと思う。

長尾　撮影中はついパニックになりがちなんですよね。思わず焦って走っちゃうと、ますますパニックに拍車がかかって止まらなくなっちゃう。心霊スポットは危険な場所が多いから走るのはすごく危ないんです。なんとか自分を抑えて早歩きでとどめてます。何か怖いことがあっても、パニックにはならないようにというのが決まりですね。

内田　ジェイソン村は道もめちゃくちゃだし、コツコツと音もするし、皆口くんはなんで行きたがるの？　って思いました。

皆口　やっぱりどうしても多少無理してでも撮りたくなっちゃうんですよね。自分はカメラのモニターに集中してるせいか、撮影中はあまり怖くないんですよ。

ただそれでも、信州観光ホテルは怖かったで

皆口　自分はそういうのは気にしないですけど、ただ帰りのドライブだけは気をつけてます。怖い話だと、大体心霊スポットの帰り道に事故で死にますからね。

落合　廃墟のあるような山道は本当に暗いし、道路の状態も悪いんだよね。舗装されてない道もあるし。そんな悪路を地元の人はビュンビュン飛ばすしね。運転してて怖いよ。たぶん、

す。解体作業中の7階建ての廃墟ってめちゃくちゃ怖いんですよ。階段に手すりがなかったりするのは当たり前で、もし落っこちたら即死ですからね。広すぎてみんなの安全面を配慮できないし、すごい帰りたかったです。でもそれと同時にすごい興奮もしました。

長尾　廃墟探索は怪我と隣り合わせですからね。今までトラブルなくこれたというのは、運がいいのかもしれませんね。

——みなさんの印象に残っているゾゾスポットを教えてもらえますか?

内田　武尊神社の一択ですね。写真は変な風に写るし、「本当に太鼓があったんだ!!」ってことも驚きでしたし、盛りだくさんで。本当に早く出たかったです。

長尾　僕は明野劇場ですかね。探索すればするほど変なものが出てきて、点と点が繋がりはじめて……とすごいドラマがありましたね。最後にドアを持ち上げるとき、正直「赤い糸があったら番組的に美味しいよな。撮れ高あるよな」と思ったんですよ。でも実際に持ち上げてみて、赤い糸がドッサリ出てきたのを見た瞬間に撮れ高がどうだとかは関係なくなって「怖い!!」ってなりました。恐怖で叫んだのは明野劇場が最初で最後じゃないですかね?

落合　俺は印象に残ってる場所、というか印象に残ってる回なんだけど「20カ所行脚」だね。

全員　（笑）。

洛合　あんなに非生産的なのないよ。本当に20カ所回って、たった1本の動画だからね。運転しながら何回も「今、何カ所目？」って聞いてたもん。せめて全部で5～6本にしてほしかった（笑）。つらすぎて記憶もほとんど残ってないよ。

皆口　普通のYouTuberでしたら、20カ所行ったら、20本作るところでしょうけど。でも「お金じゃないんだ!!　心霊スポットに行きたいだけなんだ!!」という気概を見せつけたかったんですよ。

落合　何度も言うけど、俺は心霊スポットに行きたくないからね!!

皆口　20カ所行脚では、30秒に1カ所のペースで心霊スポットを紹介しました。ひょっとしたらギネスブックに申請できるかもですね。1日で最多の心霊スポットに回った動画って。

――20カ所行脚は極端だとしても、ゾゾゾは全体的にかなりタイトにまとまっていますね？　せっかく他県まで撮影に行ってるのに、大部分をカットして短い動画に仕上げるのには勇気がいりませんか？

皆口　それは番組を作りはじめるときから気をつけていたんです。少なくとも自分はタレントでもない人たちが心霊スポットを回ってる番組を見てもなかなか楽しく感じないんです。「面白くない」というのを前提に、それならどうやったら見てもらえるのか、というのを考えて、今のスタイルになりました。落合さんがしゃべってるところとか、いらないところは全部カットします。時間も10～15分が、限界だと思うんですよ。行き帰りの車中でカメラ回すこともあるんですが、使ったことはないですね。

落合　帰りにファミレスとか寄るんだけど、皆口がカメラを回してもどうせ使われないことわかってるから、みんな黙ってもくもくと飯を食ってるよね。

――ちなみにどのような撮影機材を使ってるんですか？

皆口　実は全然、機材にお金かけてないんです。カメラはｉＰｈｏｎｅ2台と古いハンディカム1台です。基本的にはｉＰｈｏｎｅで撮影してハンディカムでナイトショット撮影をするという感じです。落合さんが機材を買ってくれたらいいんですけどね～。

落合　ん？　でも困ってないでしょ？

皆口　まあ、そうですね……。

――最後にこれからのゾゾゾの展望を聞かせていただけますか？

皆口　現状やりたいことはできているので、このまま『ウォーキング・デッド』のように長く続くシリーズにしたいですね。

落合　『ウォーキング・デッド』ってもう10年もやってるよ!! 無理だろ。韓国とかの心霊スポットに行くんならいいかもだけど。

内田　それ、ただ落合さんが韓国旅行したいだけでしょ?

皆口　まあそれは冗談ですけど、自分は本当にホラー作品って好きなんですよね。特に、夏場になるとテレビに溢れてた古きよき心霊番組が好きなんです。現在は残念ながらテレビではあまり心霊番組は流れていないですけど、その空いたポジションにゾゾゾが入っているのだとしたらうれしいですね。

そしてゾゾゾを見た視聴者のみなさんが、怖いホラー映画を見たり、本格的なドキュメント番組を見たりと、いろいろなホラー作品に流れていってもらいたいですね。その結果ホラー業界全体が元気になったら、それが何よりうれしいです。

落合　皆口くんは一貫して、ホラー業界が元気になってほしいって言ってますね。俺は、やっぱり心霊スポットに行ってワクワクを感じたりすることはないので、とにかく最終回まで無事に走り切れればいいなと思ってます。

――ありがとうございました!!

OFF SHOT

座談会後に撮った1枚。
普段は顔を出さない皆口くんもノリノリで参加。
心霊ホラー業界が盛り上がることを願って
ゾゾゾは走り続ける。

ゾゾゾ
ファーストシーズン
リスト

第　1　回

都心の心霊スポット！石神井公園が不気味すぎてヤバい！

公開日　2018/06/02
視聴回数　776,754回
再生時間　9:01

公園内は複数の鳥居と社があり、夜になると不気味さを増す。

▼石神井公園（東京都・練馬区）
ゾゾゾポイント：3.5

第　2　回

インスタ映え心霊写真撮れた!!ガチでビビったので除霊グッズ使ってみた！

公開日　2018/06/25
視聴回数　692,659回
再生時間　8:40

お札を顔に書くことで防御力が一気に高まるという謎の噂。

▼平将門の首塚（東京都・千代田区）
ゾゾゾポイント：1
▼西新井トンネル（東京都・足立区）
ゾゾゾポイント：2

第　3　回

最恐の肝試しスポット！畑トンネルで怪現象続出スペシャル！

公開日　2018/07/18
視聴回数　1,514,693回
再生時間　13:19

長尾、初登場。嫌がる内田を諭しトンネル奥へ突き進む。

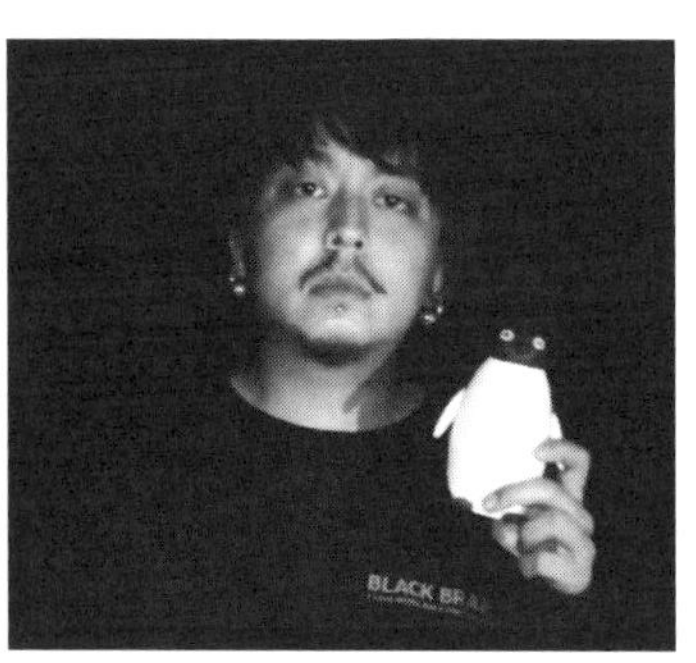

▼畑トンネル（埼玉県・飯能市）
ゾゾゾポイント：5

第 4 回

激ヤバスポット！金比羅橋&新井さん家に突撃ドライブ！

公開日 2018/08/17
視聴回数 872,270回
再生時間 8:25

湖に架かる真っ赤な橋には自殺防止ネットが張り巡らされている。

▼金比羅橋（群馬県・藤岡市）
ゾゾゾポイント：**2.5**

第 5 回

SIREN（サイレン）羽生蛇村の岳集落・廃村に潜入スペシャル！［前編］

公開日 2018/08/27
視聴回数 1,673,965回
再生時間 11:07

森に潜む広大な廃村。たどり着くまでの道のりは険しい。

第 6 回

SIREN（サイレン）羽生蛇村の岳集落・廃村に潜入スペシャル！［後編］

公開日 2018/08/31
視聴回数 1,444,050回
再生時間 11:00

出演者が失踪するという緊急事態が発生。果たして結末は……。

▼岳集落（埼玉県・秩父市）
ゾゾゾポイント：**4**

第　7　回

ホテル活魚（油井グランドホテル）で本当に危ない部屋捜索スペシャル！［前編］

公開日　2018/09/10
視聴回数　1,647,816回
再生時間　10:38

実際に事件が起きた関東最恐とも言われる心霊スポット。

第　8　回

ホテル活魚（油井グランドホテル）で本当に危ない部屋捜索スペシャル！［後編］

公開日　2018/09/14
視聴回数　1,270,478回
再生時間　11:19

黒く焼け焦げた部屋。その向かいには血の跡が残る部屋がある。

▼ホテル活魚（千葉県・東金市）
ゾゾゾポイント：5

第　9　回

最悪の心霊スポット！呪いのビデオの廃神社スペシャル！！

公開日　2018/09/28
視聴回数　1,934,136回
再生時間　15:18

人里離れた廃神社の中には太鼓があるという。それを鳴らすと……。

▼武尊神社（群馬県・みどり市）
ゾゾゾポイント：5

第10回

人体実験現場の心霊スポットに潜入!! 徹底解剖スペシャル

公開日 —
視聴回数 —
再生時間 —

人体実験の噂がある謎の建物には異様なものが多く残されていた。

▼ダイアナ研究所（埼玉県・深谷市）
ゾゾゾポイント：4.5

特別篇

はじめてのゾゾゾ

公開日 2018/10/26
視聴回数 1,064,294回
再生時間 18:07

チャンネル登録者150人突破を記念して配信された。

第11回

噂の新宿・心霊ホテルは本当に出るのか泊まってみた！

公開日 2018/11/2
視聴回数 1,065,811回
再生時間 11:22

新宿には「必ず出る」と噂のホテルが存在しているらしいが……。

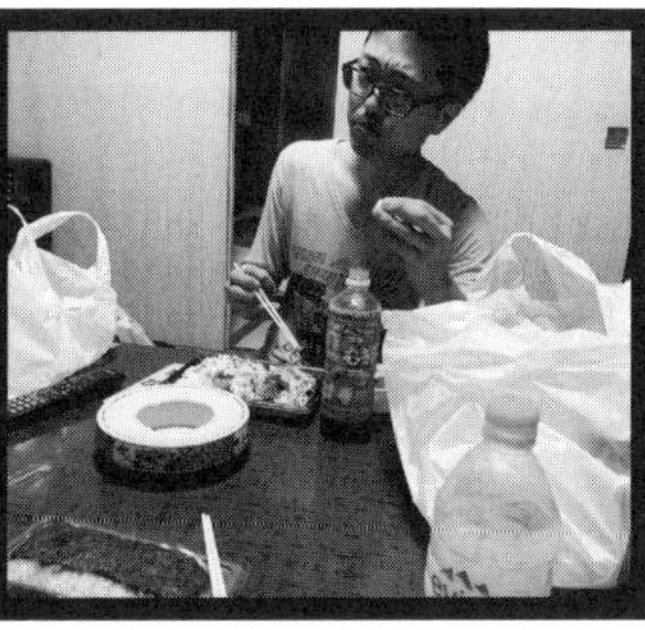

▼幽霊ホテル（東京都・新宿区）
ゾゾゾポイント：3.5

第12回

【閲覧注意】悪臭漂う謎の心霊スポット&怪現象が見れるお化け坂!

公開日　2018/11/16
視聴回数　2,007,602回
再生時間　14:09

大量の虫と糞に侵された恐怖の怪奇スポット。

▼お化け坂（群馬県・前橋市）
ゾゾゾポイント：1

▼白い家（群馬県・前橋市）
ゾゾゾポイント：4

第13回

絶叫!廃ストリップ劇場で肝試し!恐怖の発見物で現場騒然!

公開日　2018/11/30
視聴回数　1,371,089回
再生時間　13:56

人間の欲望がうずまく場所で起きた番組史上かつてない恐怖。

▼明野劇場（茨城県・筑西市）
ゾゾゾポイント：3.5

第14回

浮遊霊の巣窟と化した廃ホテルで心霊写真は撮れるのか?［前編］

公開日　2018/12/12
視聴回数　1,555,012回
再生時間　14:27

多くの物品が残る廃ホテル。管理人室にはある物が残されていた。

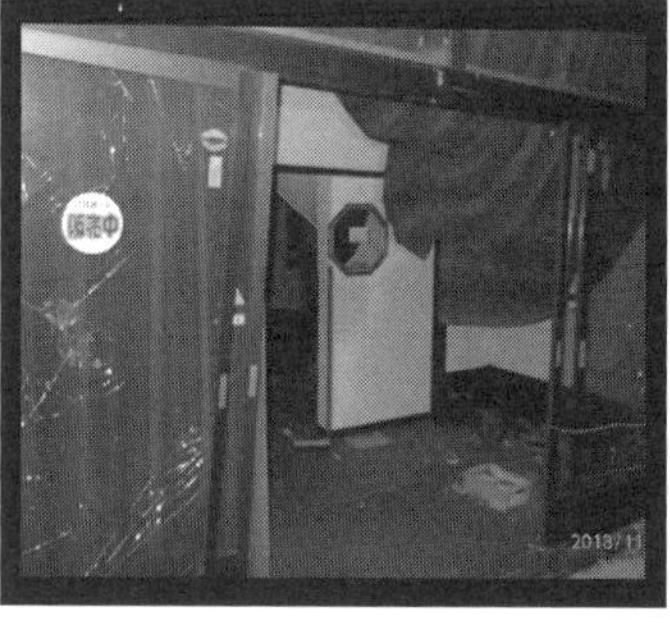

第15回

浮遊霊の巣窟と化した廃ホテルで心霊写真は撮れるのか？［後編］

公開日	2018/12/25
視聴回数	1,246,389回
再生時間	15：18

216号室の異様な光景に一同絶句。長尾に降りかかる恐怖とは。

▼ホテル藤原郷（群馬県・利根郡）

ゾゾゾポイント：5

第16（Extra）回

心霊スポット20カ所行脚＋1！呪われた心霊スポット内田さん家

公開日	2019/01/17
視聴回数	606,438回
再生時間	4：02

番組史上最も無駄と言われた異臭騒ぎの止まらない家。

▼内田さん家（埼玉県・川口市）

ゾゾゾポイント：5

第16回

都心の最恐心霊スポット20カ所行脚！まとめて大突撃スペシャル！

公開日	2019/01/18
視聴回数	968,204回
再生時間	18：54

有名心霊スポット20カ所を一気に詰め込んだお得パッケージ。

ゾゾゾポイント：P142〜147参照

第 17 回

謎の心霊スポット
薬師堂のマキを
カメラに収めろ！
決死の撮影で
緊急事態勃発！

公開日　2019/2/1
視聴回数　1,222,653回
再生時間　13:57

道なき道を進むものの緊急事態勃発で一同大パニック。

▼薬師堂のマキ（埼玉県・さいたま市）
ゾゾポイント：3

第 18 回

呪われた廃病院！
旧野木病院で
恐怖の実証実験！

公開日　2019/2/22
視聴回数　1,725,924回
再生時間　15:38

奇妙な噂がささやかれる病院で起きた戦慄の怪奇現象が内田を襲う。

▼旧野木病院（栃木県・下都賀郡）
ゾゾポイント：4.5

第 19 回

ジェイソン村
スペシャル

公開日　2019/3/15
視聴回数　1,404,409回
再生時間　18:01

山奥に眠る廃村で、見つけてはいけないものを発見してしまう。

▼ジェイソン村（神奈川県・相模原市）
ゾゾポイント：4

第20回

幽霊トンネル&ダルマ神社…千葉最恐スポット2本立て大突撃！

公開日 2019/3/29
視聴回数 1,056,991回
再生時間 13:01

歪んだトンネルに開いた謎の横穴と神社で鳴り響く奇妙な音。

▼奥米トンネル（千葉県・君津市）
ゾゾゾポイント：3.5

▼達磨神社（千葉県・船橋市）
ゾゾゾポイント：4

第21回

そろそろ呪われたい！番組の名誉を懸けた落合霊障大作戦！

公開日 2019/4/12
視聴回数 708,378回
再生時間 12:33

霊障不可避といわれる呪いのヘルメットを被りいざ潜入。

▼松井田城跡（群馬県・安中市）
ゾゾゾポイント：3

▼八幡平の首塚（群馬県・安中市）
ゾゾゾポイント：1.5

第22回

山の廃別荘ホテル潜入！戦慄の現場に一同騒然…！

公開日 2019/5/3
視聴回数 1,121,006回
再生時間 16:24

倒壊した廃屋の数々。最後に見つけた家は異様そのものであった。

▼上高地別荘ホテル（茨城県・水戸市）
ゾゾゾポイント：4.5

第 23 回

伝説の
心霊スポット！
最後の信州観光
ホテルスペシャル
［前編］

公開日 —
視聴回数 —
再生時間 —

番組史上、最も過酷な撮影がはじまった。伝説の巨大ホテルに突入。

第 24 回

伝説の
心霊スポット！
最後の信州観光
ホテルスペシャル
［後編］

公開日 —
視聴回数 —
再生時間 —

まさに迷路。終わりなき地下で一同が最後に目にするものとは。

▼信州観光ホテル（長野県・千曲市）
ゾゾゾポイント：5

※視聴回数は2020年6月時点のものです。

OFF SHOT

ファーストシーズンが終わった2019年末に行われた
ゾゾゾ忘年会での1枚。
すっかりいい気分の俺とまーくんに引き気味のしょうちゃん。

文　村田らむ
デザイン　西垂水敦（krran）
撮影　P232〜244／三好宣弘（RELATION）
地図制作　アトリエ・プラン
校正　聚珍社
編集　森 摩耶（ワニブックス）

本書に掲載されている写真は一部、
視聴者の方よりご提供いただきました。

ゾゾゾ
2018年6月よりYouTubeで配信を開始したホラーエンタテイメント番組。落合、内田、皆口、スペシャルゲストの長尾の四人を中心に、心霊スポットや恐怖ゾーンといった日本全国のゾゾゾスポットをレポートして、ホラーポータルサイトを作るという壮大な目標を掲げて活動する。投稿される動画のエンタメ性、クオリティの高さから、「怖いけれど面白い」と話題に。ファーストシーズンとして計24回の動画を投稿後、2020年1月からはセカンドシーズンがはじまり、さらに注目を集めている。チャンネル登録者数34万人超、総再生回数4000万回超（2020年6月時点）。

村田らむ
1972年、愛知県名古屋市生まれ。ライター、漫画家、イラストレーター、カメラマンとして活躍。廃墟、ホームレス、ゴミ屋敷、新興宗教、樹海などをテーマにした体験＆潜入取材を得意とする。『ホームレス大博覧会』（鹿砦社）、『禁断の現場に行ってきた!!』（鹿砦社）、写真集『廃村 昭和の残響』（有峰書店新社）、『樹海考』（晶文社）、『ホームレス消滅』（幻冬舎）など、著書多数。

読むゾゾゾ

2020年7月31日　初版発行
2024年10月20日　5版発行

発行者　髙橋明男
編集人　青柳有紀
発行所　株式会社ワニブックス
〒150-8482
東京都渋谷区恵比寿4-4-9　えびす大黒ビル
電話　03-5449-2711（代表）
03-5449-2716（編集部）
ワニブックスHP　https://www.wani.co.jp/
WANI BOOKOUT　https://www.wanibookout.com/

印刷所　株式会社光邦
DTP　株式会社三協美術
製本所　ナショナル製本

本書は探索や肝試しを推奨するものではありません。
所有者の許可なく私有地に入ることは法律で禁じられています。

　ISBN978-4-8470-9944-1